傳世與淑世理念下的
《閱微草堂筆記》創作

王鵬凱 著

文史哲學集成
文史哲出版社印行

國家圖書館出版品預行編目資料

傳世與淑世理念下的《閱微草堂筆記》創作 /
王鵬凱著. -- 初版. 臺北市：文史哲, 民 102.09
頁；　公分（文史哲學集成；648）
參考書目：　頁
ISBN 978-986-314-149-5（平裝）

1.閱微草堂筆記　2.研究考訂

857.27　　　　　　　　　　　102020459

文史哲學集成　　　648

傳世與淑世理念下的
《閱微草堂筆記》創作

著　　者：王　　鵬　　凱
出　版　者：文　史　哲　出　版　社
　　　　　　http://www.lapen.com.tw
　　　　　　e-mail：lapen@ms74.hinet.net
登記證字號：行政院新聞局版臺業字五三三七號
發　行　人：彭　　正　　雄
發　行　所：文　史　哲　出　版　社
印　刷　者：文　史　哲　出　版　社
臺北市羅斯福路一段七十二巷四號
郵政劃撥帳號：一六一八○一七五
電話886-2-23511028・傳真886-2-23965656

實價新臺幣二六○元

中華民國一○二年（2013）九月初版

傳世與淑世理念下的
《閱微草堂筆記》創作

目　　次

2　傳世與淑世理念下的《閱微草堂筆記》創作

自 序

　　《閱微草堂筆記》是紀昀的傳世代表作，本書記載的內容非常豐富而且多樣，在一千多則的紀錄中，包含了許多社會、民俗、文化、金石、考古等等記錄。但是在這看似雜亂無章的筆記小說中，卻蘊含著紀昀欲「托狐鬼以抒己見」（魯迅語）的淑世理想，作者寫作本書不僅僅是講述奇聞異事而已，其中還有作者藉著談異述奇，特別是講述狐鬼故事來諷刺世相、針砭世風、抒發人生感慨與哲理、為人處世的哲學等種種意圖，乃至表述自己的學術觀點、思想觀點、文學觀點也屢見其中，所以魯迅才又稱「則《閱微》又過偏於論議。蓋不安於僅為小說，更欲有益人心」，所以透過這一則則故事的探討，或許有助於我們去瞭解紀昀內心一些未曾言明的想法，尤其是紀昀在其暮年傾九年之力來著作本書，應該是有其傳世與淑世的理念貫穿其中。

　　自從大學時讀到《閱微草堂筆記》後，筆者就深深地被它所吸引，或許喜愛的就是如魯迅所說的「雍容淡雅，天趣盎然」吧！這些年隨著年歲增長，對書中的故事更是覺得意味雋永，如同張愛玲在〈談看書〉一文中所說的「多年不見之後，《聊齋》覺得比較纖巧單薄，不想再看，純粹記錄見聞的閱微草堂卻看出許多好處來」，也許就是因為紀昀淑世

的理念貫穿本書，讓讀者不只是文學故事的閱讀而已，從中也能汲取紀昀為人處世智慧的緣故吧。

　　　　王鵬凱識於南開科技大學通識教育中心 102.09.15

傳世與淑世的創作理念

　　《閱微草堂筆記》是紀昀（1724-1805）在其暮年傾九年之力[1]所完成的文學代表著作，包含了〈灤陽消夏錄〉六卷290則、〈如是我聞〉四卷248則、〈槐西雜志〉四卷277則、〈姑妄聽之〉四卷210則和〈灤陽續錄〉六卷147則等五種，共1172則[2]。嘉慶庚申年（1800），紀昀門人盛時彥爲之校訂合刊，定名爲《閱微草堂筆記》。雖然紀昀在《閱微草堂筆記》的序中一再謙稱該書「今老矣，無復當年之意興，惟時拈紙墨，追錄舊聞，姑以消遣歲月而已」[3]、「景薄桑榆，精神日減，無復著書之志，惟時作雜志，聊以消閒，〈灤陽消夏錄〉等四種，皆弄筆遣日者也。」[4]是消遣歲月的作品，但在景薄桑榆、精神日減、垂垂老矣的晚年，願意耗費近十年的歲月創作此書，其目的不會僅僅是爲了弄筆遣日而已。古人所稱的三不朽，就是圖個青史留名，紀昀在和珅

1　全書從乾隆己酉年（1789）夏到嘉慶戊午年（1798）夏陸續寫成，前後共歷時九年。
2　以嘉慶五年刊本爲例，目錄所載的則數統計爲1281則，實際點數的則數是1172則。
3　紀昀：〈姑妄聽之序〉，孫致中等校點，《紀曉嵐文集》第二冊《閱微草堂筆記》，（河北省：河北教育出版社，1991），頁375。
4　紀昀：〈灤陽續錄序〉，前揭書，頁494。

權傾一時之際，能不與之同流合污，潔身自愛[5]，連朝鮮使臣回還，書狀官沈興永在乾隆 60 年（1795）向國內報告中國政治情形時，也曾提到紀昀「尚書紀昀，文藝超倫，清白節儉，雖寵愛不及和珅，而甚敬重之。一弊裘七八年。」[6]，這在和珅當權時，導致吏治腐敗的清代官場上，確屬難得，也難怪會引起朝鮮外交官的注意。紀昀除了廉潔值得敬佩外，不依附權貴、同流合污的操守更是令人敬佩，嘉慶 4 年（1799）朝鮮書狀官徐有聞報告說「和珅專政數十年，內外諸臣，無不趨走，惟王傑、劉墉、董誥、朱珪、紀昀、鐵保、玉保等諸人，終不依附」[7]，紀昀雖然如此清廉自持，然而仍未博得聖賢之美譽，於立德傳世一途，恐難以如願。而其一生雖然仕途顯赫[8]，但屬於文學侍從之流，位高官顯卻少有機會立安邦濟世之功勳，以致自己也不免發出「余今老矣，叨列六卿，久無建白，平生恒內愧」[9]的長嘆，於立功一途，自知也難以傳世。所以身為學者的紀昀，不會不思索著該留下什麼足以傳世的立言代表著作。這個念頭確實一直縈繞在紀昀的心

---

5 他的門生汪德鉞曾說出紀昀清白節儉的情形：「吾師居台憲之首，據宗伯、司馬之尊，登其堂蕭然如寒素，察其輿馬、衣服、飲食備數而已，其儉也若此」（〈紀曉嵐師八十序〉，《四一居士文抄》卷四，汪德鉞，《稀見清人別集叢刊》第 12 冊，廣西師範大學出版社，2007，頁 332。）

6 吳晗輯：《朝鮮王朝實錄抄中國史料・正宗實錄二 18 年》，（北京：中華書局，1980），頁 4894。

7 吳晗輯：《朝鮮李朝實錄中的中國史料》下編卷 12，正宗實錄三 23 年，（漢城：景仁文化，1982），頁 4982。

8 紀昀除了在乾隆三十三年（1768）到乾隆三十五年（1770）被謫戍烏魯木齊外，從乾隆四十四年（1779）出翰林入中樞，直到嘉慶十年（1804）病卒，紀昀曾三遷御史，三入禮部，兩次執掌兵符，最後以禮部尚書、協辦大學士加太子少保加國子監事，並賜紫禁城騎馬，襄贊政事達二十餘年。

9 紀昀：〈尹太夫人八十序〉，《紀曉嵐文集》第一冊，前揭書，頁 225。

頭，甚至連要寫的書也計畫好了：

> 余年近七十，一生鹿鹿典籍間，而徒以雜博竊名譽，曾未能覃研經訓，勒一編以傳於世，其愧懋園父子何如耶！[10]

> 吾老矣，欲成三書，恐天不假年，今語汝大略。汝其識之。一曰《規杜持平》，劉炫一部書，豈無是處，孔疏意主伸杜，凡劉說盡駁之，此冤獄也。平心持衡，各還是處，則杜之失無損於杜，而孔之駁不足為劉病矣。如杜以晉先縠為郤季，劉規之，按成十八傳，郤季是隨會之子士魴，非先縠，劉說是也；一曰《篆隸異同》。如鳳朋鵬篆本一字，隸分為三，此篆同而隸異也。如好醜，篆本二義，隸但作好，無醜字，此篆異而隸同也。初學有入門之階，其必自始乎？一曰《蠹簡叢鈔》……[11]

　　至少在紀昀六十多歲時就已經對未能「勒一編以傳於世」而顯得心有不安，甚至在臨終前還以未完成的構想，囑託其孫紀樹馨。既然如此，紀昀何以不著手撰述學術著作而選擇了創作筆記小說《閱微草堂筆記》？筆者推測其原因有三，一是如同紀昀自稱的晚年精神日減，無復著書之志。編纂《四

---

10 紀昀：〈遜齋易述序〉，《紀曉嵐文集》第一冊，前揭書，頁153。
11 〈紀文達公傳略〉，李宗昉，《聞妙香室文集》卷14，（臺北）中央研究院歷史語言研究所傅斯年圖書館所藏，清道光十五年（1835）刊本。隋劉炫曾作《春秋規過》一書以糾正杜預所著《左傳集解》諸疑義，而唐孔穎達所作《正義》則又左祖杜氏，對劉說每加駁辨。後紀昀弟子邵瑛，長於經學，尤深於《左傳》，根據其師所言，著《劉炫規杜持平》六卷（清嘉慶22年桂隱書屋刻本），考其得失，以釋兩家之紛爭。

庫全書》及撰寫《四庫全書總目》已耗費紀昀 22 年歲月的精
神與心力，《四庫全書》自乾隆 38 年 2 月開館，紀昀即被任
命爲總纂官而投入工作，至乾隆四十七年第一部《四庫全書》
貯於文淵閣，其後其他六部《四庫全書》的繕寫直到乾隆 52
年方才完成，以及《四庫全書》在成書後，兩次大規模地全
面複查（乾隆 52、56 年），無一不是紀昀所負責。況且還有
武英殿本《四庫全書總目》的寫定刊印要晚至乾隆 60 年底[12]，
紀昀從 50 歲壯年，直至 72 歲的晚年，心力盡瘁於斯，也難
怪紀昀會說出「今老矣，無復當年之意興，惟時拈紙墨，追
錄舊聞，姑以消遣歲月而已」、「景薄桑榆，精神日減，無
復著書之志，惟時作雜志，聊以消閒，〈灤陽消夏錄〉等四
種，皆弄筆遣日者也」這樣的話來。隨著歲月增長、精神日
頹，極爲耗費心力的治經訓典著作，恐怕已是紀昀難以負荷
的工作了，所以他選擇撰寫能於退值之餘連綴成書的筆記小
說，也是順理成章之事。甚至連撰寫《閱微草堂筆記》也看
的出紀昀精力衰減的情形，從他 66 歲撰寫〈灤陽消夏錄〉六
卷達 290 則，其後〈如是我聞〉四卷 248 則、〈槐西雜志〉
四卷 277 則、〈姑妄聽之〉四卷 210 則，到 72 歲撰寫〈灤陽
續錄〉六卷僅有 147 則而已，數量才初期的一半，原因或許
就是精力衰減的關係，因此才會甚至連這項著作的撰寫也懶
而爲之：

　　　　年來並此懶爲，或時有異聞，偶題片紙，或忽憶舊事，

---

12 筆者認爲武英殿本《四庫全書總目》著作權的歸屬當屬於紀昀，請詳參
　　拙作〈紀昀撰《四庫全書總目》說之論析〉一文，《東海圖書館館訊》，
　　第 97 期，2009.10，頁 46-77。

擬補前編。又率不甚收拾，如雲煙之過眼，故久未成
書。今歲五月，扈從灤陽退值之餘，晝長多暇，乃連
綴成書，命曰〈灤陽續錄〉。[13]

所以從《閱微草堂筆記》之後，紀昀在其生命的最後幾
年中，留下的文章不多，有的就是大量短短數語的硯銘，如
〈宋太史硯銘〉、〈挈瓶硯銘〉、〈琴硯銘〉、〈井欄硯銘〉、
〈紅絲硯銘〉、〈墨注硯銘〉、〈淄水石硯銘〉、〈竹節硯
銘〉、〈卷阿硯銘〉、〈青花硯銘〉、〈荔枝硯銘〉、〈圭
硯銘〉、〈雲龍硯銘〉、〈風字硯銘〉、〈水田硯銘〉、〈桃
硯銘〉、〈月到天心硯銘〉、〈下巖石硯銘〉、〈金水附口
硯銘〉、〈月堤硯銘〉等硯銘，在在都可以看出紀昀年逾古
稀精神衰減的情形。

除了精神日減的原因外，參與《四庫全書》的編纂，應
是造成他不撰寫學術著作的原因之二。能夠參與《四庫全書》
的編纂，可以大量閱讀到私人無法聚集到的各種秘籍罕本，
對學問的增長、視野的開拓，無疑地是甚有幫助。所以紀昀
自稱「自校理秘書，縱觀古今著作」[14]、「余校定《四庫》
所見不下數千家」[15]，他也在〈自題校勘《四庫全書》硯〉
一詩中吟哦道：

檢校牙籤十萬餘，濡毫滴渴玉蟾蜍。汗青頭白休相
笑，曾讀人間未見書。[16]

13 紀昀：〈灤陽續錄序〉，前揭書，頁494。
14 陳鶴：《紀文達公遺集》序，《紀曉嵐文集》第三冊，前揭書，頁729。
15 紀昀：〈四百三十二峰草堂詩鈔序〉，前揭書，頁207。
16 紀昀：〈自題校勘《四庫全書》硯〉，前揭書，頁509。

但是這卻也造成他不願從事學術著作與保留文稿的心態。紀昀自稱：

> 今年將八十，轉瑟縮不敢著一語，平生吟稿亦不敢自存，蓋閱歷漸深，檢點得意之作，大抵古人所已道；其馳騁自喜，又往往皆古人所掊呵，撚鬚擁被，徒自苦耳。[17]

他的學生陳鶴也認為如此：

> （紀昀）自校理秘書，縱觀古今著作，知作者固已大備，後之人竭盡其心思才力，不出古人之範圍；其自謂過之者，皆不知量之甚者也。故生平未嘗著書，間為人作序、記、碑、表之屬，亦隨即棄擲，未嘗存稿。[18]

所以紀昀自稱「詩日變而新。余校定《四庫》，所見不下千家，其體已無所不備」[19]，在「無所不備」中，讓他「余久不為詩，亦不甚索觀人詩久，且不與人論詩」[20]，因此紀昀的門人盛時彥在《姑妄聽之跋》中才會稱其師「河間先生年近七十，不復以詞賦經心」，或許正是這種心態的表現。如果檢視紀昀的生平，可以發現青壯年時期的紀昀並不是如此的，紀昀從少年時就「少工詞賦，燫皇博麗，能為班、馬之文」[21]，自登進士之後，正所謂「春風得意馬蹄疾，一日看盡長安花」，意氣風發之餘不免與天下名流相唱和，紀昀

---

17 紀昀：〈鶴街詩稿序〉，《紀曉嵐文集》第一冊，前揭書，頁206。
18 陳鶴：《紀文達公遺集》序，《紀曉嵐文集》第三冊，前揭書，頁729。
19 紀昀：〈四百三十二峰草堂詩鈔序〉，前揭書，頁207。
20 紀昀：〈鶴街詩稿序〉，《紀曉嵐文集》第一冊，前揭書，頁206。
21 徐世昌：《大清畿輔先哲傳》卷23，（北京：古籍出版社，1993），下冊頁729。

自述這一段春風得意時期的情形：

> 余初授館職，意氣方盛，與天下勝流相馳逐，座客恆滿，文酒之會無虛夕。[22]

> 昀早涉名場，日與海內勝流角逐於詩壇文間，兄則恬退寂寞，杜門與三數同志晨夕講肄而已。[23]

> 三十以後，以文章與天下相馳驟，抽黃對白，恒徹夜構思。[24]

> 余自早歲受書，即學歌詠，中間奮其意氣，與天下勝流相倡和，頗不欲後人。[25]

　這一時期仕途的得意，讓紀昀和當時享譽北方詩壇的宋弼、董元度、邊趙珍、戈濤、李基塙等齊名，甚至還博得「紀家詩」之稱[26]，同時也與王昶、王鳴盛、翁方綱、錢大昕等友人，亦多唱和。從青壯年時期「日與海內勝流角逐於詩壇文間」、「與天下勝流相倡和，頗不欲後人」到晚年「余久不為詩，亦不甚索觀人詩久，且不與人論詩」、「不復以詞賦經心」，不難看出轉折之大，原因或許正是編纂《四庫全書》後的影響「今年將八十，轉瑟縮不敢著一語，平生吟稿亦不敢自存，蓋閱歷漸深，檢點得意之作，大抵古人所已道；其馳騁自喜，又往往皆古人所撝呵」所造成的吧。此外，也

---

22 紀昀：〈翰林院恃講寅橋劉公墓志銘〉，孫致中等校點《紀曉嵐文集》第一冊，前揭書，頁348。
23 紀昀：〈怡軒老人傳〉，前揭書，頁325。
24 紀昀：〈姑妄聽之序〉，前揭書第二冊，頁375。
25 紀昀：〈鶴街詩稿序〉，前揭書第一冊，頁206。
26 紀昀：〈題從侄虞惇試帖〉自注「試帖多尙典瞻，余始變為意格運題，館閣諸公每呼此體爲紀家詩」，前揭書第一冊，頁495。

有人認為是精力盡瘁於編纂《四庫全書》上，因此不復著述：
「說者謂公才學絕倫，而著書無多，蓋其生平精力，已畢瘁
於此書（《四庫全書總目》）矣」[27]。這兩種情形都是合乎
情理的，也可以看出編纂《四庫全書》這次際遇，對紀昀的
影響。筆者認為正是因為編纂《四庫全書》讓紀昀得以飽覽
群書，也因此讓紀昀認為舊體已難出新意，故遁而作他體，
於是晚年才致力於《閱微草堂筆記》的創作上。

　　在精力日減與傳統文體難出新意的因素外，透過小說勸
懲的方式可以具有淑世的作用也是原因之一。紀昀晚年選擇
了撰寫筆記小說《閱微草堂筆記》，正是由於看重我國古代
小說一向具有的勸懲傳統[28]，可以透過小說彰善癉惡達到勸
民為善淑世的效果。紀昀自己也屢屢提到「或有益於勸懲」
[29]、「大旨期不乖於風教」[30]、「儒者著書，當存風化，雖齊
諧志怪，亦不當收悖理之言」[31]、「惟不失忠厚之意，稍存

27　《紀曉嵐文集》第三冊，頁 513 附錄引陸敬安《冷廬雜識》卷 1 言。
28　如魏晉時志人小說《世說新語》中列有〈德行〉一目中的許多記載，正
　　是反映了作者對傳統倫理道德的宣揚和維護。干寶稱《搜神記》為「發
　　明神道之不誣也」，也是透過鬼神故事來讚賞和宣揚儒家的忠孝節義之
　　類的倫理道德思想。後世小說之作，更多有開宗明義地敘述小說勸懲之
　　用意者如瞿佑於其〈剪燈新話序〉云：「雖於世教民彝，莫之或補。而
　　勸善懲惡，哀窮悼屈，其亦庶乎言者無罪，聞者足以戒之一義云爾」、
　　靜恰主人在〈金石緣序〉中說「小說何為而作也？曰：以勸善，以懲惡
　　也」；馮夢龍更是把編《三言》的目的歸為「令人為忠臣，為孝子，為
　　賢牧，為良友，為義夫，為節婦，為樹德之士，為積善之家」，在在都
　　可以看出藉小說以勸懲的目的。
29　紀昀：〈灤陽消夏錄序〉，前揭書，頁 1。
30　紀昀：〈姑妄聽之序〉，前揭書，頁 375。
31　紀昀：〈灤陽消夏錄〉，前揭書，卷六，頁 120。

勸懲之旨」[32]「念古來潛德，往往借稗官小說，以發幽光，因攝厥大幾，附諸瑣錄，雖書原志怪，未免爲例不純，于表章風教之旨，則未始不一耳」[33]，勸懲的用意十分明顯，由此可見，勸懲是紀昀創作《筆記》的初衷和主旨。所以紀昀的門生盛時彥將《閱微草堂筆記》包含的五種小說合刊印行時所做的序中所說的話，正是點出紀昀的用意：

> 文以載道，儒者無不能言之。夫道豈深隱莫測，秘密不傳……文，其中之一端也。文之大爲《六經》固道所寄矣。降而爲列朝之史，降而爲諸子之書，降而爲百氏之集，是又文中之一端，其言皆足以明道。再降而稗官小說，似無與於道矣，然《漢書‧藝文志》列爲一家，歷代書目亦著錄。豈非以荒誕悖妄者雖不足數，其近於正者，於人心世道亦未嘗無所裨歟！……〈灤陽消夏錄〉等五書，倣詭奇譎，無所不載；洸洋恣肆，無所不言。而大旨要歸於醇正，欲使人知所勸懲。[34]

後來道光十五年鄭開禧將此書重新鋟板時所做的序也是如此認爲：

> 今觀公所著筆記，詞意忠厚，體例謹嚴，而大旨悉歸勸懲，殆所謂是非不謬於聖人者與！雖小說，猶正史也。[35]

---

32 紀昀：〈灤陽續錄〉，前揭書，卷六，頁583。
33 紀昀：〈槐西雜志〉，前揭書，卷14，頁374。
34 前揭書第二冊，頁1。
35 前揭書第二冊，頁3。

　　而紀昀藉小說以勸懲，最終目的則在於透過小說彰善癉惡達到勸民為善淑世的效果，如同紀昀八十大壽時，他的門生汪德鉞所說的「寓懲勸以發人深省者」、「拯人心沉溺者」：

> 平生講學，不空持心性之談，人以為異於宋儒，不知其牖民於善，防民於淫，拳拳救世之心，實導源洙泗。即偶為筆記也，以為中人以下，不可與莊語，於是以厄言之出，代木鐸之聲。乍視之，若言奇言怪；細核之，無非寓懲勸以發人深省者。柳子厚云：「即末以操其本，可十七八」，此與濂洛關閩拯人心沉溺者，意旨不若合符節歟？[36]

　　所以祖叔與紀昀頗有交情的後輩梁恭辰也持這樣的看法，他在《北東園筆錄初編》卷一中說的「覺夢之清鐘，迷津之寶筏」、「有關勸戒諸書，莫善於《閱微草堂筆記》」，正是此意：

> 張南山（維屏）曰：「或疑文達公博覽淹貫，何以不看書？」余曰：「公一生精力具見於《四庫全書提要》，又何必更著書？」或又言：『既不著書，何以又撰小說？』余曰此公之深心也。蓋考據論辨之書，至於今而大備，其書非留心學問者多不寓目，而稗官小說，搜神志怪，談狐說鬼之書，則無人不樂觀之。故公即於此寓勸戒之意，托之於小說，而其書易行，出之以諧談，而其言易入。然則，〈如是我聞〉、〈槐西雜志〉諸書，其覺夢之清鐘，迷津之寶筏乎？按近今小

---

36 汪德鉞：《四一居士文抄》卷四〈紀曉嵐師八十序〉（《稀見清人別集叢刊》第 12 冊，廣西師範大學出版社，2007 年），頁 332-333。

說家有關勸戒諸書，莫善於《閱微草堂筆記》。[37]

正是如此，因此魯迅才稱「則《閱微》又過偏於論議。蓋不安於僅爲小說，更欲有益人心」[38]，在在都點出了紀昀的用心。但是紀昀的這點用心，後人以文學論文學的眼光來看，自不免認爲「但過偏於議論，且其目的爲求有益人心，已失去了文學的意義」[39]，正這是紀昀說教心切使然，雖然如此，但現代著名女作家張愛玲在〈談看書〉一文中曾說過：

> 譬如小時候愛看《聊齋》，連學它的《夜雨秋燈錄》等都看過好幾遍，包括《閱微草堂筆記》，盡管《閱微草堂》的冬烘頭腦令人髮指。多年不見之後，《聊齋》覺得比較纖巧單薄，不想再看，純粹記錄見聞的閱微草堂卻看出許多好處來，裡面典型十八世紀的道德觀，也歸之於社會學，本身也有興趣」[40]

所謂的「冬烘頭腦」指的大概是紀昀對三綱五常、忠孝節義等倫理道德，不餘遺力地提倡與遵守，但歲月增長後「看出許多好處來」，仍是肯定了《閱微草堂筆記》的價值，否則《閱微草堂筆記》只是一本傳教善書，何足以傳於後世？雖然摘錄《閱微草堂筆記》部分勸懲篇章成書，在清朝即有《紀氏嘉言》，至今台灣地區也還有視爲善書的《紀文達公筆記摘要》在刊行，但是由於紀昀學識的淵博（博覽《四庫全書》）、生活經歷的豐富（曾遠赴新疆、福建等地）、交

---

37 收入《筆記小說大觀》第 29 冊，江蘇：廣陵古籍刻印社，1983，頁 227。
38 魯迅：《中國小說史略》第 22 章，（上海：上海古籍出版社，2006），頁 138。
39 譚正璧：《中國文學史》，（台北：莊嚴出版社，1982），頁 361。
40 文刊於中國時報，1974.4.25，十二版。

遊廣闊（故事來源多元），加上他文筆高妙，才能寫成一部
內容豐富、故事性強、趣味盎然的傳世巨著，從清代起即獲
得甚多的美譽，連俞樾也模仿創作了《右台仙館筆記》，因
此魯迅稱讚他的話，並非溢美之詞：

> 凡測鬼神之情狀，發人間之幽微，托狐鬼以抒己見
> 者，雋思妙語，時足解頤；間雜考辨，亦有灼見。敘
> 述復雍容淡雅，天趣盎然，故後來無人能奪其席，固
> 非僅借位高望重以傳者矣。[41]

　　除了晚年精神體力、編纂《四庫全書》的因素外，紀昀
選擇了以小說彰善癉惡勸懲的方式，來達到勸民為善淑世的
目的，應該是小說在達到在淑世的目的上，較學術著作來的
便捷、直接、有效，如同梁恭辰所說的「蓋考據論辨之書，
至於今而大備，其書非留心學問者多不寓目，而稗官小說，
搜神志怪，談狐說鬼之書，則無人不樂觀之。故公即於此寓
勸戒之意，托之於小說，而其書易行，出之以諧談，而其言
易入」[42]。梁氏所言，正反映出當時漢學在經世致用上的一
個困境「考據論辨之書，至於今而大備，其書非留心學問者
多不寓目」，而紀昀門生汪德鉞所說的「平生講學，不空持
心性之談」則正點出了紀昀認為宋學在經世致用上的另一個
困境，因而為求「牖民於善，防民於淫」、「拯人心沉溺」，
「於是以卮言之出，代木鐸之聲」選擇了小說的創作，這樣

41　《中國小說史略》，第二十二篇〈清之擬晉唐小說及其支流〉，台北：
　　風雲時代出版公司，1996，頁263。
42　梁恭辰：《北東園筆錄初編》卷一，收入《筆記小說大觀》第29冊，（江
　　蘇：廣陵古籍出版社，1983），頁227。

的選擇實出於「拳拳救世之心」的淑世理念。紀昀的淑世理念出自於他經世致用的實學精神，紀昀基於這樣的理念，選擇了小說創作，是因爲當時的漢、宋儒學在紀昀看來，都有其侷限，因此讓他不從事學術著作，而以此方式來追求達到淑世的目的，所以下文，筆者將探討紀氏的實學思想以及漢、宋儒學在淑世上的侷限這兩個項目。

紀昀之實學思想及其對漢、宋儒學的譏諷批判

　　紀昀的淑世理念欲藉小說創作以實現，主要是紀昀實學精神的表現，而當時學界所盛行的實學思潮則起自明末，在明亡前後，中國學術思想界內部開始出現了一個要求「疾虛返實」和「實學救國」的經世致用的思潮，尤其當明亡之後，清初顧炎武、黃宗羲、王夫之、顏習齋等大儒，生當易代，懷陸沉之痛，憾辮髮之辱，意識到「救弊之道在實學，不在空言」[1]，垂文作範，提倡經世致用、實事求是之學，於是顧炎武編纂的《日知錄》和《天下郡國利病書》，黃宗羲撰寫的《明夷待訪錄》，都是經世救世思潮下的著作。而在「實學」思潮的湧動中，「一時才俊之士，痛矯時文之陋，薄今愛古，棄虛崇實，挽回風氣，幡然一變」[2]，就在這「推崇實學，以矯空疏」[3]的學風中，「實體」、「實踐」、「實行」、「實習」、「實功」、「實心」、「實念」、「實言」、「實

1　顏元，〈性理評〉，《存學編》，《續修四庫全書》第 946 冊，（上海：上海古籍出版社，2002），卷三，第 681-682 頁。
2　皮錫瑞：《經學歷史》，（台北：鳴宇出版社，1980），頁 309。
3　皮錫瑞：《經學歷史》，（台北：鳴宇出版社，1980），頁 306。

才」、「實政」、「實事」、「實風」等等「崇實黜虛」的
言論大量地湧現。時至乾隆朝,「崇實黜虛」仍是當時朝廷
的學術風尚[4],也是紀昀治學的信念。紀昀的實學精神,源自
其家族慘痛的經驗,〈灤陽續錄〉卷三記紀父姚安公之言:

> 子弟讀書之餘,亦當使略知家事,略知世事,而後可
> 以治家,可以涉世。明之季年,道學彌尊,科甲彌重,
> 於是黠者坐講心學,以攀援聲氣,樸者株守課冊以求
> 取功名,致讀書之人,十無二三能解事。崇禎壬午,
> 厚齋公攜家居河間,避孟村土寇,厚齋公卒後聞大兵
> 將至河間,又擬鄉居,瀕行時,比鄰一叟,顧門神嘆
> 曰:「使今日有一人如尉遲敬德、秦瓊當不至此。」
> 汝兩曾伯祖,一諱景星,一諱景辰,皆名諸生也。方
> 在門外束襆被,聞之,與辯曰:「此神荼鬱壘像,非
> 尉遲敬德、秦瓊也。」叟不服,檢邱處機《西遊記》
> 為證。二公謂委巷小說不足據,又入室取東方朔《神
> 異經》與爭。時已薄暮,檢尋既移時,反覆講論又移
> 時,城門已闔,遂不能出。次日將行,而大兵已合圍

---

4 如《四庫全書總目》凡例中即明言:「聖賢之學,主於明體以達用,凡不
可見諸實事者,皆屬巵言。儒生著書,務為高論,陰陽太極累牘連篇,斯
已不切人事矣。至於論九河則欲修禹跡,考六典則欲復周官封建井田,動
稱三代,而不揆時勢之不可行。至黃諫之流,欲使天下筆劄皆改篆體;顧
炎武之流,欲使天下言語皆作古音,迂謬抑更甚焉。又如明之曲士,人喜
言兵,《二麓正議》欲掘坑藏錐以刺敵,《武備新書》欲雕木為虎以臨陣,
陳禹謨至欲使九邊將士人人皆讀《左傳》。凡斯之類,並闢其異說,黜彼
空言,庶讀者知致遠經方,務求為有用之學。」、「今所錄者,率以考證
精核,論辨明確為主,庶幾可謝彼虛談,敦茲實學」,紀昀等,(北京:
中華書局,1997,上冊),頁33。

矣。城破，遂全家遇難，惟汝曾祖光祿公，曾伯祖鎮
香公，及叔祖雲臺公存耳。死生呼吸，間不容髮之時，
尚考證古書之真偽，豈非惟知讀書，不預外事之故
哉？[5]

　　紀昀不諱言其族祖在大兵圍城之際，尚考證古書真偽，
不及逃生而遇害，意在警惕讀書不通、不明世事，迂腐的學
究。正因爲紀家曾發生這樣的慘事，所以紀昀稟承庭訓，才
會特別重視實學，成爲紀昀治學的信念。

　　這種「崇實黜虛」的主張，落實到經國濟世上，就是經
世致用以救世濟民的思想。紀昀深受這種思潮的影響，從《閱
微草堂筆記》的記述中，可以看到紀昀無論是辨傳聞、論藥
理、說物性、談科技、決斷刑獄，都富有實證精神[6]，而他本
人則是「三十以前，講考證之學；五十以後，領修祕籍，復
折而講考證」[7]講求考證之學，並且講求「謝彼虛談，敦茲實
學」、「務求爲有用之學」[8]，也一再強調「以實心勵實行，

5　前揭書，頁 532。
6　詳見王秋文，〈姑妄言之姑聽之？──試論「閱微草堂筆記」的實證精神〉，
　《國文天地》，20：6（2004.11），頁 61-65。另如〈灤陽續錄〉記紀昀
　窮數日之力，意圖再造宋代神臂弓之事，也可見紀昀的實學精神「宋代有
　神臂弓，實巨弩也，立於地而踏其機，可三百步外貫鐵甲，亦曰克敵弓。
　洪容齋試詞科，有〈克敵弓銘〉是也。宋軍拒金，多倚此爲器。軍法不得
　遺失一具，或敗不能攜，則寧碎之，防敵得其機輪仿製也。元世祖滅宋，
　得其式，曾用以制勝，至明乃不得其傳，惟《永樂大典》尚全載其圖說。
　然其機輪一事一圖，但有短長寬窄之度與其牝牡凸凹之形，無一全圖，余
　與鄒念喬侍郎窮數日之力，審諦逗合，訖無端緒。」（前揭書，卷一，頁
　499-500。）
7　紀昀，〈姑妄言之序〉，前揭書，頁 375。
8　《四庫全書總目》凡例，前揭書，頁 33。

以實學求實用」[9]、「讀書以明理，明理以致用也」[10]。所以
他對漢學家徵實的考證治學方法是頗為讚賞的，「唯漢儒之
學，非讀書稽古，不能下一語」[11]、「其學篤實謹嚴」、「其
學徵實不誣」[12]，在《四庫全書總目》中「通經」、「黜虛」、
「用世」等類的評語措辭，也可以看出崇實的指向[13]。因此
在《閱微草堂筆記》中，出現大量對講學家空談高論批評的
形象描寫，也就不足為奇了。

一、對講學家空談高論的譏諷批判

　　紀昀和理學的扞格不入，正如門生盛時彥所說的「河間
先生，以學問文章，負天下重望，而天性孤直，不喜以心性
空談，標榜門戶，亦不喜才人放誕，詩壇酒社，誇名士風流」
[14]，主要是紀昀認為理學易流於空談，以及標榜門戶所引起
的門戶之爭。這種「不喜以心性空談」的性格，在《閱微草
堂筆記》中有一則藉著二位不知是仙是鬼的對談，可以看出
一二。故事中二鬼（二仙？）提出了對張載《西銘》和真德

9　〈姑妄聽之〉，前揭書，卷二，頁 410。
10　〈姑妄聽之〉，前揭書，卷四，頁 488。
11　〈灤陽消夏錄〉，前揭書，卷一，頁 10。
12　此二句見《四庫全書總目・經部總序》，前揭書，1997。
13　詳見曾紀剛：《四庫全書》之纂修與清初崇實思潮之關係研究 —— 以經
　　史二部為主的觀察一書附錄二，（台北：花木蘭文化工作坊，2005），
　　頁 129-148。而《四庫全書》收錄的標準之一也是「今所錄者率以考證精
　　核、論辯明確為主」（《四庫全書總目》凡例，前揭書，上冊頁 33。）
14　盛時彥，〈閱微草堂筆記序〉，《紀曉嵐文集》第二冊《閱微草堂筆記》，
　　（河北：河北教育出版社，1991）頁 1。

秀《大學衍義》的質疑，可以視爲紀昀藉著鬼仙之口，對宋明理學的批判[15]：

> 周化源言有二士遊黃山，留連松石，日暮忘歸。夜色蒼茫，草深苔滑，乃共坐於懸崖之下。仰視峭壁，猿鳥路窮，中間片石斜敧，如雲出岫，缺月微升，見有二人坐其上，知非仙即鬼，屏息靜聽。右一人曰：「頃遊嶽麓，聞此翁又作何語？」左一人曰：「去時方聚講《西銘》，歸時又講《大學衍義》也。」右一人曰：「《西銘》論萬物一體，理原如是。然豈徒心知此理，即道濟天下乎？父母之於子，可云愛之深矣，子有疾病，何以不能療？子有患難，何以不能救？無術焉而已。此猶非一身也。人之一身，慮無不深自愛者，己之疾病，何以不能療？己之患難，何以不能救？亦無術焉而已。今不講體國經野之政、捍災禦變之方，而曰吾仁愛之心同於天地之生物，果此心一舉，萬物即可以生乎？吾不知之矣。至《大學》條目，自格致以

---

15 試將《四庫全書總目》中《大學衍義》提要所言：「然自古帝王正本澄源之道，實亦不外於此。若夫宰馭百職，綜理萬端，常變經權，因機而應，利弊情偽，隨事而求，其理雖相貫通，而爲之有節次，行之有實際，非空談心性，即可坐而致者，故邱濬又續補其闕也。」（前揭書，卷92，上冊頁 1216-1217）和《四庫全書總目》中《大學衍義補》提要：「又力主舉行海運，平時屢以爲言，此書更力申其說。所列從前海運抵京之數，謂省內河挽運之資，即可抵洋面漂亡之粟，似乎言之成理。然一舟覆沒，舟人不下百餘，糧可抵以轉輸之費，人命以何爲抵乎？……然治平之道，其理雖具於修、齊，其事則各有制置，此猶土可生禾，禾可生穀，穀可爲米，米可爲飯。本屬相因，然土不耕則禾不長，禾不穫則穀不登，穀不舂則米不成，米不炊則飯不熟。不能遞溯其本，謂土可爲飯也。」（前揭書，卷 93，上冊頁 1225）和《閱微草堂筆記》所言兩相對照，實無二致，不僅意思相同，連所舉的例子也一樣。

至治平，節節相因，而節節各有其功力。譬如土生苗，苗成禾，禾成穀，穀成米，米成飯，本節節相因。然土不耕則不生苗，苗不灌則不得禾，禾不刈則不得穀，穀不舂則不得米，米不炊則不得飯，亦節節各有其功力。西山作《大學衍義》，列目至齊家而止，謂治國平天下可舉而措之。不知虞舜之時，果瞽瞍允若，而洪水即平、三苗即格乎？抑猶有治法在乎？又不知周文之世，果太姒徽音而江漢即化、崇侯即服乎？抑別有政典存乎？今一切棄置，而歸本於齊家，毋亦如土可生苗，即炊土為飯乎？吾又不知之矣。」左一人曰：「瓊山所補，治平之道其備乎？」右一人曰：「真氏過於泥其本，邱氏又過於逐其末。不究古今之時勢，不揆南北之情形，瑣瑣屑屑，縷陳多法，且一一疏請施行，是亂天下也。即其海運一議，臚列歷年漂失之數，謂所省轉運之費，足以相抵。不知一舟人命，詎止數十；合數十舟即逾千百，又何為抵乎？亦妄談而已矣。」左一人曰：「是則然矣。諸儒所述封建井田，皆先王之大法，有太平之實驗，究何如乎？」右一人曰：「封建井田，斷不可行，駁者眾矣。然講學家持是說者，意別有在，駁者未得其要領也。夫封建井田不可行，微駁者知之，講學者本自知之。知之而必持是說，其意固欲借一必不行之事，以藏其身也。蓋言理言氣，言性言心，皆恍惚無可質，誰能考未分天地之前，作何形狀；幽微曖昧之中，作何情態乎？至於實事，則有憑矣。試之而不效，則人

人見其短長矣。故必持一不可行之說，使人必不能試、必不肯試、必不敢試，而後可號於眾曰：『吾所傳先王之法，吾之法可為萬世致太平，而無如人不用何也！』人莫得而究詰，則亦相率而嘆曰：『先生王佐之才，惜哉不竟其用。』云爾。以棘刺之端為母猴，而要以三月齋戒乃能觀，是即此術。第彼猶有棘刺，猶有母猴，故人得以求其削。此更托之空言，並無削之可求矣。天下之至巧，莫過於是。駁者乃以迂闊議之，烏識其用意哉！」相與太息者久之，劃然長嘯而去。二士竊記其語，頗為人述之。有講學者聞之，曰：「學求聞道而已。所謂道者，曰天曰性曰心而已。忠孝節義，猶為末務；禮樂刑政，更末之末矣。為是說者，其必永嘉之徒也夫！」[16]

在這篇長篇大論中，首先提出光是「心知此理」是無法「道濟天下」，還是要有「體國經野之政、捍災禦變之方」的「術」；其次論及《大學》修齊治平「節節相因」，「亦節節各有其功力」，是節節各自有其「有治法在」、「有政典存」，不能「列目至齊家而止」，就說「治國平天下可舉而措之」，邱濬補真德秀未盡之處，「又過於逐其末。不究古今之時勢，不揆南北之情形，瑣瑣屑屑，縷陳多法，且一一疏請施行，是亂天下也」，末了還對倡議封建井田者，比擬為〈棘刺刻猴〉[17]中的騙子，點醒在聽取講學家的言論時，

---

16 紀昀，〈姑妄聽之〉，孫致中等校點，《紀曉嵐文集》第二冊《閱微草堂筆記》，（河北：河北教育出版社，1991）卷三，頁453-455。
17 《韓非子‧外儲說左上》：燕王好微巧，衛人曰：「請以棘刺之端為母

應考慮道理的可行性，方能避免受到巧言詐說的迷惑。如此
對講學家強烈的抨擊，主要還是在於紀昀講求的是「謝彼虛
談，敦茲實學」、「務求爲有用之學」，也難怪，講學者聽
了會以爲是出自重視事功的永嘉學派之口。紀昀並非永嘉學
派之徒，但是講求的是「謝彼虛談，敦茲實學」、「務求爲
有用之學」，也無怪乎會痛恨空言聚訟的講學之徒18了。

紀昀痛恨學者徒逞口舌之辯的空談高論，主要是
空談高論的弊病有二：

（一）空談天道而捨人事，徒逞口舌之能，　卻未能身體力行，無益於國計民生。

在《閱微草堂筆記・灤陽消夏錄》卷四中，紀昀寫了一
則妖怪斥責時方饑荒盛行，卻在高談民胞物與的講學家的故
事，他透過妖怪之口，毫不留情地給予空談高論講學家辛辣
的諷刺：

> 武邑某公與戚友賞花佛寺經閣前，其地最豁敞，而閣

猴。」燕王說之，養之以五乘之奉。王曰：「吾試觀客爲棘刺之母猴。」
客曰：「人主欲觀之，必半歲不入宮，不飲酒食肉，雨霽日出，視之晏
陰之間，而棘刺之母猴乃可見也。」燕王因養衛人，不能觀其母猴。鄭
有台下之冶者謂燕王曰：「臣爲削者也，諸微物必以削削之，而所削必
大於削。今棘刺之端不容削鋒，難以治棘刺之端，王試觀客之削，能與
不能可知也。」王曰：「善。」謂衛人曰：「客爲棘刺之母猴，何以理
之？」曰：「以削。」王曰：「吾欲觀見之。」客曰：「臣請之舍取之。」
因逃。（韓非：《韓非子》（台北：古籍出版社，1996），頁 673-674）
18　如在《遜齋易述》序中表達出對理學末流的痛恨：「中間持其平者，數
則漢之康成，理則宋之伊川乎。康成之學不絕如線；唐史征、李鼎祚，
宋王伯厚及近時惠定宇，粗傳一二而已。伊川之學傳之者多，然醇駁互
見，決擇爲難。余勘定四庫書，頗恨其空言聚訟也」。紀昀，《紀曉嵐
文集》第一冊，（河北：河北教育出版社，1991），頁 452。

上時有變怪，入夜，人即不敢坐閣下，某公以道學自
任，夷然弗信也，酒酣耳熱，盛談西銘萬物一體之理，
滿座拱聽，不覺入夜。忽閣上厲聲叱曰：「時方飢疫，
百姓頗有死亡，汝為鄉官，既不思早倡義舉，施粥捨
藥，即應趁此良夜，閉戶安眠，尚不失為自了漢，乃
虛談高論，在此講民胞物與，不知講至天明，還可作
飯餐？可作藥服否？且擊汝一磚，聽汝再講邪不勝
正！」忽一磚飛下，聲若霹靂，杯盤幾案俱碎。某公
倉皇走出曰：「不信程朱之學，此妖之所以為妖歟！」
徐步太息而去。

妖怪「在此講民胞物與，不知講至天明，還可作飯餐？
可作藥服否？」一句話就點出講學家的空談，而某公「不信
程朱之學，此妖之所以為妖歟！」也說出了講學者的執迷不
悟。講學家空談高論是理學的流弊，但宋明理學家治學則是
屢屢提及實學[19]，紀昀曾指出這種流弊乃是由於宋學「尚心
悟……宋儒之學，則人人皆可以空談。其間蘭艾同生，誠有

---

19 「實學」一詞的含義卻相當廣泛，其所指涉的物件也不盡相同，宋代學
者心目中的「實學」與明清時學者心目中的「實學」內涵不盡相同，在
二程看來，漢學末流死守章句訓詁的經學乃是一種不實無用之學，對於
真正能體現聖人製作之意的經學，則冠之以「實學」之名，如「治經，
實學也……為學，治經最好，苟不自得，則盡治五經，亦是空言」（《遺
書》，卷一）。清代考據學起，遂專有謂考據實證之學為「實學」者，
但對於二程而言，這恰恰由於迷失在煩瑣的考證之中而不能把握聖人之
道，反而是「空言無用」之學而不能稱為「實學」。另外像朱子《中庸
章句》的開篇即稱《中庸》一書，「放之則彌六合，卷之則退藏於密，
其味無窮，皆實學也」《朱子文集》、《語類》中「實學」之詞屢有出
現，此不一一列舉。又如張栻說「聖門實學，貴於踐履」（《論語解》，
《南軒全集》卷四）、陸象山弟子包恢作《三陸先生祠堂記》中，亦稱
象山之學為「孟子之實學」（《象山全集》，卷三六）。

不盡愜人心者,是嗤點之所自來」,由於是個人內心的領悟,所以容易流於空談,再加上良莠不齊、蘭艾同生,所以成為學者批評宋學的由來,這也難怪除了用這則故事譏諷外,紀昀透過五臺僧明玉的話「然則唐以前之儒,語語有實用;宋以後之儒,事事皆空談」[20],和黠儒之狐的話「聖賢依乎中庸,以實心勵實行,以實學求實用。道學則務語精微,先理氣,後彝倫,尊性命,薄事功,其用意已稍別」[21]來表達對儒學淪為空談的不滿。紀昀既然針砭講學家的空談,他自己是能身體力行的,據紀昀的墓誌銘記載:「壬子,以畿輔水災奏請截留宦糧萬石,設十廠賑饑。得旨,六月開廠,自夏季至明年四月,全活無算」[22],正是紀昀躬自力行的表現。所以紀昀在《閱微草堂筆記》書中一再強調「以實心勵實行,以實學求實用」、「讀書以明理,明理以致用也」[23],展現出「實行」和「虛談」正是紀昀對治學勸懲之所在。

紀昀也曾多次論及對宋儒《易》學先天無極之說的不滿,「故余於漢儒之學,最不信《春秋繁露》、《洪範五行傳論》;於宋儒之學,最不信《河圖洛書》、《皇極經世書》」[24]、

20　〈姑妄聽之〉,前揭書,卷四,頁476。
21　〈姑妄聽之〉,前揭書,卷二,頁410。
22　錢儀吉纂,《碑傳集》,(北京:中華書局,1993),卷三十八,頁1090,引朱珪〈協辦大學士禮部尚書文達紀公昀墓誌銘〉。另外《紀曉嵐文集》第一冊卷五摺子中,收有紀昀十六本替各地因蠲緩積欠稅賦的謝恩摺子,也可看到紀昀為民請命的一面。
23　〈姑妄聽之〉,前揭書,卷四,頁488。
24　〈槐西雜志〉,前揭書,卷一,頁251。紀昀在這裡並未詳述未何不信,不過在〈灤陽消夏錄〉卷四中引了李又聃的話,倒可以視為紀昀的意見:「宋儒據理談天,自謂窮造化陰陽之本,於日月五星;言之鑿鑿,如指諸掌。然宋曆屢變而愈差,自郭守敬以後,驗以窺測,證以交食,始知

「余校定秘書二十餘年，所見經解，惟《易》最多，亦惟《易》最濫……殊不知《易》之作也，本推天道以明人事，故六十四卦之大象，皆有君子以字，而三百八十四爻，亦皆吉凶悔吝爲言，是爲百姓日用作，非爲一二上智密傳微妙也；是爲明是非決疑惑作，非爲讖緯禨祥預使前知也」[25]。「推天道以明人事」是爲了「明是非決疑惑」，而不是爲了「讖緯禨祥預使前知」；是爲了「百姓日用作」，而不是爲了「一二上智密傳微妙」。相同的意見，他在《閱微草堂筆記》中也屢屢藉著鬼狐或他人之口加以申述，如藉著道士論三教本旨言「儒之本旨，明體達用而已，文章記誦，非也；談天說性，亦非也」[26]、藉著鬼魂之口說出：

> 崔曰：「聖人作易，言人事也，非言天道也，爲眾人言也，非爲聖人言也。聖人從心不踰矩，本無疑惑，何待於占？惟眾人昧於事幾，每兩歧罔決，故聖人以陰陽之消長，示人事之進退，俾知趨避而已，此儒家之本旨也。顧萬物萬事，不出陰陽，後人推而廣之，各明一義。……易道廣大，無所不包，見智見仁，理原一貫，後人忘其本始，反以旁義爲正宗，是聖人作易，但爲一二上智設，非千萬世垂教之書，千萬人共

濂洛關閩，於此事全然未解，即康節最通數學，亦僅以奇偶方圓，揣摩影響，寔非從推步而知。故持論彌高，彌不免郢書燕說，夫七政運行，有形可據，尚不能臆斷以理，況乎太極先天，求諸無形之中者哉？先聖有言：『君子於其所不知，蓋闕如也。』」，前揭書，頁79-80。

25 紀昀，〈黎君易注序〉，孫致中等校點《紀曉嵐文集》第一冊，（河北：河北教育出版社，1991），頁155。

26 記梁豁堂言，〈姑妄聽之〉，前揭書，卷三，頁437。

> 喻之理矣。經者常也，言常道也，經者徑也，言人所
> 共由也，曾是六經之首，而詭秘其說，使人不可解
> 乎？」[27]

> 偶論太極無極之旨，其人怫然曰：「於傳有之：『天
> 道遠，人事邇。』六經所論皆人事，即易闡陰陽，亦
> 以天道明人事也。捨人事而言天道，已為虛杳，又推
> 及先天之先，空言聚訟，安用此為？」[28]

這種抨擊「捨人事而言天道」、「而詭秘其說，使人不
可解」、「空言聚訟，安用此為」的思想，和前面所引紀昀
的話，兩相對照，實無二致，都是紀昀在書中每每「托狐鬼
以抒己見」的例子。而紀昀的批評，最有說服力的是他能展
現篤實的學問，書中談及「顧萬物萬事，不出陰陽，後人推
而廣之，各明一義。楊簡王宗傳，闡發心學，此禪家之《易》，
源出王弼者也；陳摶邵康節，此道家之《易》，源出魏伯陽
者也；術家之《易》，衍於管郭，源於焦京」[29]一語就將易
學原委、流派道出，而他在〈遜齋易述序〉[30]、〈周易義象

---

27 記五公山人（王餘佑）與崔寅鬼魂言，〈灤陽消夏錄〉，前揭書，
　　卷六，頁112。《四庫全書總目》卷六案語也有相同的意見：「夫聖人
　　垂訓，實教人用《易》，非教人作《易》。今不談其所以用，而但談其
　　所以作，是《易》之一經，非千萬世遵為法戒之書，而一二人密傳妙悟
　　之書矣。」前揭書，頁72。
28 記文士鬼魂因和張子克學術見解不同而絕交事，〈槐西雜志〉卷二，
　　前揭書，頁281。《四庫全書總目》，子部《太極圖分解》提要也有相
　　同的意見：「顧捨人事而爭天，又捨共睹共聞之天而爭耳目不及之天，
　　其所爭者毫無與人事之得失，而曰吾以衛道。學問之醇疵、心術人品之
　　邪正、天下國家之治亂，果繫於此二字乎？」前揭書，卷95，頁1240。
29 〈灤陽消夏錄〉，前揭書，卷六，頁112。。
30 紀昀著，孫致中等校點，《紀曉嵐文集》第一冊，（河北：河北教育出

合纂序〉[31]、〈黎君易注序〉[32]中對易學原委、流派、優劣更

31　前揭書，頁 152-153：《易》之精奧，理數詩已。《象》其闡明理數者也。自漢及宋，言數者歧而三，一爲孟喜，正傳也。歧而爲京、焦，流爲讖緯；又歧而爲陳、邵，支離曼衍，不可究詰，于《易》爲附庸矣。言理者亦歧而三，乘承比應，費直《易》也。歧而爲王弼、爲王宗傳、爲楊簡，浸淫乎佛老矣。又歧而爲李光、楊萬里，比附史事，借發論端，雖不比陳、邵之徒虛糜心力，畫算經而圖奕譜，然亦《易》之外傳耳。中間持其平者，數則漢之康成，理則宋之伊川乎。康成之學不絕如線；唐史征、李鼎祚，宋王伯厚及近時惠定宇，粗傳一二而已。伊川之學傳之者多，然醇駁互見，決擇爲難。

31　前揭書，頁 153-154：古今說五經者，惟《易》最夥，亦惟《易》最多歧，非惟象數。義理各明一義也。旁及爐火、導引，樂律、星曆以及六壬、禽遁、風角之屬，皆可引《易》以爲解，即皆可引以解《易》。蓋《易》道廣大，無所不包，故隨舉一說而皆通也。要其大端而論，則象教歧而三：一田、孟之《易》，一京、焦之《易》，一陳、邵之《易》也。義理亦歧而三：一王弼之《易》，一胡瑗之《易》，一李光、楊萬里之《易》也。京、焦之占候，流爲怪妄而不經；陳、邵之圖書，流爲支離而無用；王弼之清言，流爲楊簡、王宗傳輩，至以狂禪亂聖典。其足以發揮精義、垂訓後人者，漢人之主象，宋人之主理、主事三派焉而已。顧論甘者忌辛，是丹者非素，斷斷相爭，各立門戶，垂五六百年於茲。余嘗與戴東原、周書昌言：譬一水也，農家以爲宜灌溉，舟子以爲宜往來，形家以爲宜砂穴，兵家以爲宜扼拒，遊覽者以爲宜眺賞，品泉者以爲宜茶荈，洴澼絖者以爲利浣濯：各得所求，各適其用，而水則一也。譬一都會也，可自南門入，可自北門入，可自東門入，可自西門入，各從其所近之途，各以爲便，而都會則一也。《易》之理何獨不然。東坡《廬山》詩曰：「橫看成嶺側成峰，。遠近高低各不同。不識廬山真面目，只緣身在此山中。」通此意以解《易》，則《易》無門戶矣。紛紛互詰，非仁智自生妄見乎。

32　前揭書，頁 155：夫天地絪縕，是涵元氣，氣有屈伸往來，於是乎生數；數有奇偶錯綜，於是乎成象，此象數所由起也。然屈伸往來，奇偶錯綜，皆理之所寓，而所以屈伸往來，所以奇偶錯綜者，亦皆理之不得不行。故理其自然，數其必然，象其當然，一以貫之者也。漢《易》言數象，不能離存亡進退，非理而何；宋《易》言理，不能離乘承比應，非象數而何。而顧曰：言理則棄象數，言象數即棄理，豈通論哉!余校定秘書二十餘年，所見經解，惟《易》最多，亦惟《易》最濫，大抵漢《易》一派，其善者必由象數以求理；或捨理者，必流爲雜學。宋《易》一派，其善者必由理以知數，或捨象數者，必流爲異學。其弊一由爭門戶，

能一一詳加剖析論述，足見他的批評，並非意氣口舌之爭而已，而是有深厚的學問作為根柢，洞悉學術流變後所下的評論。紀昀更以「宋曆屢變而愈差」，來抨擊宋儒太極先天求諸無形的誤謬：

> 宋儒據理談天，自謂窮造化陰陽之本，於日月五星；言之鑿鑿，如指諸掌。然宋曆屢變而愈差，自郭守敬以後，驗以窺測，證以交食，始知濂洛關閩，於此事全然未解，即康節最通數學，亦僅以奇偶方圓，揣摩影響，窺非從推步而知。故持論彌高，彌不免郢書燕說，夫七政運行，有形可據，尚不能臆斷以理，況乎太極先天，求諸無形之中者哉？[33]

以「七政運行，有形可據，尚不能臆斷以理，況乎太極先天求諸無形之中者哉？」，真可謂對空談臆說一針見血的評論。

（二）空談高論造成臆斷的弊病。

宋明理學據理談天說性，講求格物窮理，但是紀昀認為

一由騖新奇，一由一知半解，沾沾自喜，而不知《易》道之廣大，紛紜輡輵，遂曼衍而日增，殊不知《易》之作也，本推天道以明人事，故六十四卦之大象，皆有君子以字，而三百八十四爻，亦皆吉凶悔吝為言，是為百姓日用作，非為一二上智密傳微妙也；是為明是非決疑惑作，非為讖緯禨祥預使前知也。故其書至繁至賾，至精至深，而一一皆切於事。既切於事，即一一皆可推以理。理之自然者明，則數之必然、象之當然，劃然解矣。又何必曰此彼法、此我法、此古義、此新義哉！

33 〈灤陽消夏錄〉，前揭書，卷四，頁 79-80。《四庫全書總目》，子部《讀書偶記》提要也有相同的意見：「惟太極一圖，經先儒闡發，已無剩義，而繪圖立說，累牘不休，殊為支曼。夫人事邇，天道遠，日月五星，有形可見。儒者所論，自謂精微，推步家實驗之，其不合者固多矣，況臆度諸天地之先乎？」（前揭書，卷 94，頁 1237。）

「六合之外，聖人存而不論。然六合之中，實亦有不能論者」[34]、「理所必無者，事或竟有，然究亦理之所有也，執理者自泥古耳」[35]、「然則天下之事，但知其一，不知其二者多矣，可據理臆斷歟？」[36]、「天下真有理外事也」[37]，正因為天地之大無所不有，幽明之理凡人難知，世上有許多無法以常理推論的事，不必曲為之詞，也不必力攻其非，「闕所疑可矣」[38]。但是講學家「執其私見，動曰此理之所無」[39]、「天地之大，無所不有，宋儒每於理所無者，即斷其必無，不知無所不有，即理也」[40]、「宋儒於理不可解者，皆臆斷以為無是事」[41]，因此紀昀以其親身經歷之事、鄉里奇事、或忠厚之人所言，來抨擊講學家「以理斷天下事，不盡其變」[42]，講學家的臆斷「不亦顛乎？」[43]、「毋乃膠柱鼓瑟乎？」[44]。

紀昀以其親身經歷來辯駁講學家臆斷的事有二，一是親見回煞之事：

> 六合之外，聖人存而不論。然六合之中，實亦有不能論者。人之死也，如儒者之論，則魂升魄降已耳，即如佛氏之論鬼，亦收錄於冥司，不能再至人世也，而

34 〈灤陽消夏錄〉卷四，前揭書，頁 79。
35 〈如是我聞〉，前揭書，卷一，頁 156。
36 〈姑妄聽之〉，前揭書，卷二，頁 411。
37 〈灤陽續錄〉，前揭書，卷三，頁 531。
38 〈灤陽消夏錄〉，前揭書，卷四，頁 67。
39 〈灤陽續錄〉，前揭書，卷一，頁 502。
40 〈灤陽消夏錄〉，前揭書，卷六，頁 115。
41 〈灤陽消夏錄〉，前揭書，卷四，頁 79。
42 〈槐西雜志〉，前揭書，卷二，頁 276。
43 〈灤陽續錄〉，前揭書，卷一，頁 502。
44 〈灤陽消夏錄〉，前揭書，卷四，頁 79。

世有回煞之說；庸俗術士，又有一書能先知其日辰時刻，與所去之方向，此亦誕妄之至矣。然余嘗於隔院窗樓中，遙見其去，如白煙一道，出於竈突之中，冉冉向西南而歿，與所推時刻方向，無一差也。又嘗兩次手自啟鑰，諦視布灰之處，手跡足跡，宛然與生時無二，所親皆能辨識之，是何說歟？禍福有命，死生有數，雖聖賢不能與造物爭，而世有蠱毒魘魅之術，明載於刑律，蠱毒余未見，魘魅則數見之，為是術者，不過瞽者巫者與土木之工。然寔能禍福死生人，歷歷有驗，是天地鬼神之權，任其播弄無忌也，又何說歟？其中必有理焉，但人不能知耳！宋儒於理不可解者，皆臆斷以為無是事，毋乃膠柱鼓瑟乎？[45]

一是紀昀修《熱河志》時，親自命人探一奇境之事：

長城以外，萬山環抱，然皆坡陀如岡阜，至王家營迤東，則嶄崎秀拔，皴皴皆含畫意，蓋天開地獻，靈氣之所鍾故也。有羅漢峰，宛似一僧跌坐，頭頂胸腹臂肘，歷歷可數。有磬錘峰，即《水經注》所稱武列水側，有孤石雲舉者也，上豐下銳，屹若削成。余修《熱河志》時，曾躡梯挽縆至其下，乃無數石卵，與碎砂凝結而成，亙古不圮，莫明其故。有雙塔峰，亭亭對

---

45 〈灤陽消夏錄〉，前揭書，卷四，頁 79。又在〈灤陽消夏錄〉中「然回煞形跡，余實屢目睹之，鬼神茫昧，究不知其如何也」，前揭書，卷五，頁 98、〈槐西雜志〉中「余乞假養痾北倉……忽見緋衣女子揭簾入，甫露面，即退出。疑為趁座妓女，呼僕隸遣去，皆云外戶已閉，無一人也。主人曰：『四日前有宦家子婦宿此卒，昨移柩去，豈其回煞耶？』」，前揭書，卷四，頁 358。都是記錄紀昀親見回煞的經驗。

立，遠望望如兩浮圖，挾地湧出，無路可上。或夜聞
上鐘磬經唄聲，晝亦時有，片雲往來。乾隆庚戌，予
特命守吏，構木為梯，遣人登視。一峰周圍一百六步，
上有小屋，屋中一幾一香鑪，中供片石，鐫王仙生三
字；一峰周圍六十二步，上種韭二畦，塍畛方正，如
園圃之所築，是決非人力所到，不謂之仙蹤靈跡不得
矣。耳目之前，倘恍莫測尚如此，講學家執其私見，
動曰此理之所無，不亦顚乎？[46]

　　紀昀又以家鄉獻縣所發生的兩件異事，太僕戈芥舟將之
載入縣志，講學家頗病其語怪。但紀昀認為是「夫受紿亦愚
矣，然惟愚故誠，惟誠故鬼神為之佫，此無理而有至理也」、
「以命自安，不受人報，故神代報也，非乃無理而亦有至理
乎」，這兩件奇事表面上看來是荒誕無理，卻含有至誠感天、
為善受報的至理：

> 理所必無者，事或竟有，然究亦理之所有也，執理者
> 自泥古耳。獻縣近歲有二事：一為韓守立妻俞氏，事
> 祖姑至孝，乾隆庚辰，祖姑失明，百計醫禱，皆無驗。
> 有黠者紿以剞肉燃燈，祈神佑，則可速愈，婦不知其
> 紿也，竟剞肉燃之。越十餘日，祖姑目竟復明，夫受
> 紿亦愚矣，然惟愚故誠，惟誠故鬼神為之佫，此無理
> 而有至理也。一為丐者王希聖，足雙攣，以股代足，
> 以肘撐之行，一日，於路得遺金二百，移橐匿草間，
> 坐守以待覓者，俄商家主人張際飛，倉皇尋至，叩之，

語相符，舉以還之，際飛請分取不受，延至家，議養贍終其身。希聖曰：「吾形殘廢，天所罰也，違天坐食，將必有大咎。」毅然竟去。後因臥斐聖公祠下，（斐聖公不知何時人，志乘亦不能詳，土人云祈雨有驗。）忽有醉人曳其足，痛不可忍，醉人去後，足已伸矣，由於遂能行，至乾隆己卯乃卒。際飛故先祖門客，余猶及見，自述此事甚詳。蓋希聖為善宜受報，而以命自安，不受人報，故神代報也，非乃無理而亦有至理乎？戈芥舟前輩，嘗載此二事於縣志，講學家頗病其語怪，余謂芥舟此志，惟乩仙聯句及王生殤子二條偶不割愛耳，全書皆體例謹嚴，具有史法，其載此二事，正以見匹夫匹婦足感神明，用以激發善心，砥礪薄俗，非以小說家言，濫登與記也。[47]

紀昀又以其流放烏魯木齊時所聞異事，來說明世上就有不親眼目睹，難以相信的怪事：

烏魯木齊多狙邪，小樓深巷，方響時聞，自譙鼓初鳴，至寺鐘欲動，燈火恆熒熒也，冶蕩者惟所欲為，官弗禁，亦弗能禁。有寧夏布商何某，年少美風姿，貲累千金，亦不甚吝，而不喜為北里遊，惟蓄牝豕十餘，飼極肥，濯極潔，日閉戶而逞淫之，豕亦相摩相倚，如昵其雄。僕隸恆竊窺之，何弗覺也，忽其友乘醉戲詰，乃愧而投井死。迪化廳同知木金泰曰：「非我親鞫是獄，雖司馬溫公以告我，我勿信也。」余作是地

---

47 〈如是我聞〉，前揭書，卷一，頁 156-157。

雜詩曰：「石破天驚事有無，從來好色勝登徒。何郎甘為風情死，纔信劉郎愛媚豬」即詠是事。人之性癖有至於是者，乃知以理斷天下事，不盡其變，即以情斷天下事，亦不盡其變也。[48]

此外，紀昀還將他認為可信的聽聞紀錄下來。如紀錄大學士伍彌泰在西藏所見的異事：

大學士伍公彌泰言：「向在西藏，見懸崖無路處，石上有天生梵字大悲咒，字字分明，非人力所能，亦非人跡所到。」當時曾舉其山名，梵音難記，今忘之矣。公一生無妄語，知確非虛搆，天地之大，無所不有，宋儒每於理所無者，即斷其必無，不知無所不有，即理也。[49]

紀昀又紀錄當值時，聽宋蒙泉講述的輪迴異聞：

宋蒙泉言：「孫峨山先生嘗臥病高郵舟中，忽似散步到岸上，意殊爽適，俄有人導之行，恍惚忘所以，亦不問，隨去至一家，門徑甚華潔。漸入內室，見少婦方坐蓐，欲退避，其人背後拊一掌，已昏然無知。久而漸醒，則形已縮小，繃置錦繃中，知為轉生，已無可奈何。欲有言則覺寒氣自囟門入，輒噤不能出，環視室中幾榻器玩，及對聯書畫皆了了。至三日，婢抱之浴，失手墜地，復昏然無知，醒則仍臥舟中。家中云氣絕已三日，以四肢柔軟，心膈尚溫，不敢殮耳。先生急取片紙，疏所見聞，遣使由某路送至某門中，

48 〈槐西雜志〉，前揭書，卷二，頁 276。
49 〈灤陽消夏錄〉，前揭書，卷六，頁 115。

告以匆過撻婢，乃徐為家人備言。是日疾即癒，逕往
是家，見婢媼皆如舊識，主人老無子，相對悵歎，稱
異而已。」近夢通政鑑溪，亦有是事，亦記其道路門
戶，訪之，果是日生兒即死，頃在直廬圖閣學時，泉
（宋蒙泉）言其狀甚悉，大抵與峨山先生所言相類，
惟峨山先生記往不記返，鑑溪則往返俱分明，且途中
遇其先亡夫人到家，入室時，見夫人與女共坐，為小
異耳。案輪迴之說，儒者所闢，而實則往往有之。前
因後果，理自不誣，惟二公暫入輪迴，旋歸本體，無
故現此泡影，則不可以理推。六合之外，聖人持而不
論，闕所疑可矣。[50]

除了舉這些事例來說明天地之大無所不有，以凸顯講學
家以理臆斷的荒謬外，紀昀最不滿宋儒用這種臆斷的態度來
治經[51]，在《閱微草堂筆記》中更是屢申其義，辯駁以臆斷
講經之非，：

相去數千里，以燕趙之人談滇黔之俗，而謂居是土
者，不如吾所知之確，然耶？否耶？晚出數十年，以
髫齔之子，論耆舊之事，而曰見其人者，不如我所知

50　〈灤陽消夏錄〉，前揭書，卷四，頁 66-67。
51　紀昀治學有反對「據後駁前」的傾向，不僅以此反對宋儒用這種臆斷的
態度來治經，也曾以此對顧炎武之說，提出質疑：「楊令公祠在古北口，
內祀宋將楊業，顧亭林《昌平山水記》據《宋史》謂業戰死長城北口，
當在雲中，非古北口也。考王曾《行程錄》已云古北口內有業祠，蓋遼
人重業之忠也，為之立廟。遼人親與業戰，曾奉使時，距業僅數十年，
豈均不知業歿於何地？《宋史》則元季托克托所修，（托克托舊作脫脫，
蓋譯音未審，今從《三史國語解》）距業遠矣，似未可據後駁前也。」，
〈槐西雜志〉，前揭書，卷二，頁 280。

之確，然耶？否耶？左丘明身為魯史，親見聖人，其
於《春秋》，確有源委。至唐中葉，陸淳輩始持異論，
宋孫復以後，闃然佐鬥，諸說爭鳴，皆曰左氏不可信，
吾說可信，何以異於是耶？蓋漢儒之學務實，宋儒則
近名，不出新義，則不能聳聽；不排舊說，則不能出
新義，諸經訓詁，皆可以口辯相爭，惟《春秋》事跡
鑿然，難於變亂。於是謂左氏為楚人、為七國初人、
為秦人，而身為魯史、親見聖人之說搖。既非身為魯
史、親見聖人，則傳中事跡，皆不足據，而後可惟所
欲言矣。沿及宋季，趙鵬飛作《春秋經筌》，至不知
成風為僖公生母，尚可與論名分、定貶褒乎？元程端
學推波助瀾，尤為悍屬。[52]

《易》之象數，《詩》之小序，《春秋》之三傳，或
親見聖人，或去古未遠，經師授受，端緒分明，宋儒
曰：「漢前人皆不知，吾以理知之也。」其類此夫！[53]

「漢前人皆不知，吾以理知之也」，一語就顯露出臆斷
的心態，紀昀還以其流放西域時，一椿真偽顛倒的事，來說
明耳目所見尚且真偽難分，以理臆斷又豈能無誤？

後漢敦煌太守裴岑〈破呼衍王碑〉在巴生坤海子上關
帝祠中，屯軍耕墾，得之土中也。其事不見《後漢書》，

---

52 〈槐西雜志〉，前揭書，卷二，頁 279-280。在《四庫全書總目》凡例
也有此言：「論史主於示褒貶，然不得其事跡之本末，則褒貶何據而定
僞。如成風為魯僖公之母，明載《左傳》，而趙鵬飛《春秋經筌》謂不
知為莊公之妾，為僖公之妾。是不知其人之名分，可定其禮之得失乎？」，
前揭書，上冊頁 32-33。
53 〈如是我聞〉，前揭書，卷四，頁 233。

然文句古奧字畫渾樸，斷非後人所依託，以僻在西域，無人摹搨，石刻鋒稜猶完整。乾隆庚寅，遊擊劉存存，（此是其字，其名偶忘之矣，武進人也。）摹刻一木本，灑火藥於上，燒為斑駁，絕似古碑，二本並傳於世，賞鑒家率以舊石本為新，新木本為舊，與之辯，傲然弗信也。以同時之物，有目睹之人，而真偽顛倒尚如此，況以千百年外哉？[54]

　　而對程端學沿襲宋儒疑經改經臆斷之非，紀昀除了在《四庫全書總目》嚴詞辯駁[55]外，在《閱微草堂筆記》中更藉已成為神明的紀叔姬之口，親自辯白程端學臆斷的誤謬：

偶在五雲多處，（即原心亭）檢校端學《春秋解》[56]，周編修書昌因言：「有士人得此書，珍為鴻寶，一日與友人遊泰山，偶談經義，極稱其論叔姬歸酅一事，推闡至精。夜夢一古妝女子，儀衛尊嚴，屬色詰之曰：『武王元女，實主東嶽。上帝以我艱難完節，接跡共薑，俾隸太姬為貴神，今二千餘年矣。昨爾述豎儒之說，謂我歸酅為淫於紀季，虛辭誣詆，實所痛心。我

---

54 〈如是我聞〉，前揭書，卷四，頁 233。

55 如「至程端學春秋本義竟指高為漢初人，則講學家臆斷之詞，更不足與辨矣！」（《四庫全書總目》《春秋公羊傳注疏》提要，前揭書，上冊卷 26，頁 330）、「如經書紀履綸來逆女伯姬歸于紀，此自直書其事，舊無褒貶。端學必謂履綸非命卿，紀不當使來迎；魯亦不當聽其迎。夫履綸為命卿，固無明文，其非命卿，又有何據乎？紀叔姬之歸酅，舊皆美其不以盛衰易志，歸於夫族。端學必以為當歸魯而不當歸酅，斯已刻矣，乃復誣以失節於紀季，此又何所據乎？」（《四庫全書總目》《春秋本義》提要，前揭書，上冊卷 28，頁 356）

56 程端學未見著錄《春秋解》，疑是指《春秋本義》，紀昀偶誤舉。

隱公七年歸紀，莊公二十年歸酇，相距三十四年，已在五旬以外矣。以斑白之嫠婦，何由知季必悅我？越國相從，《春秋》之法，非諸侯夫人不書，亦如非卿不書也。我待年之媵，例不登諸簡策，徒以矢心不二，故仲尼有是特筆。程端學何所憑據而造此曖昧之謗耶？爾再妄傳，當齧爾舌。』命從神以骨朶擊之，狂叫而醒，遂燬其書。」余戲謂書昌曰：「君耽宋學，乃作此言。」書昌曰：「我取其所長，而不敢諱所短也。」是真持平之論矣。[57]

因為在魯莊四年「紀侯大去其國」後，紀侯的二夫人紀叔姬還曾到酇地投靠小叔紀季，程端學認為當歸於母族魯國而不應歸於夫族酇地，據此而認定紀叔姬失節於紀季。紀昀在這則故事中，藉已成為神明的紀叔姬之口，親自辯白程端學臆斷的誤謬「我隱公七年歸紀，莊公二十年歸酇，相距三十四年，已在五旬以外矣。以斑白之嫠婦，何由知季必悅我？越國相從，《春秋》之法，非諸侯夫人不書，亦如非卿不書也。我待年之媵，例不登諸簡策，徒以矢心不二，故仲尼有是特筆」，說出《四庫全書總目》沒說出的辯白。紀昀厲害的是，藉著耽於宋學的周書昌（永年）來講述這件事，更突顯出程端學臆斷的荒謬。對於講學家臆斷的荒謬，紀昀當然不會放棄挪揄的機會：

姚安公言昔在舅氏陳公德音家，遇驟雨，自巳至午息，所雨皆漚麻水也。時西席一老儒方講學，眾因叩

---

57 〈槐西雜志〉，前揭書，卷二，頁 280。

曰：「此兩究竟是何理？」老儒掉頭面壁曰：「子不
語怪。」[58]

　　面對眾人的詢問，這位講學家無法用他談天說性、講求
格物窮理的本事來回答，也沒辦法胡言亂語妄加臆斷，只能
掉頭面壁，以「子不語怪」來搪塞，無詞以對的窘態，在此
表露無遺。

二、對假道學的譏諷批判

　　假道學一般是指假借道學之名欺世盜名之輩。理學官學
化，是社會上充斥假道學的一個十分重要的原因，所以有陳
澧（1810-1882）所說的「更有未讀程朱書而尊程朱者，則科
舉習氣耳，豈真尊程朱哉？」[59]，由於利祿之途使然，所以
講學家中才會有不能真知力行聖賢之道的假道學產生，清初
顏李學派的重要傳人王源（1648-1710）就指出當時假道學普
遍存在「天下無事不偽，而理學尤甚，今所號為儒者，類皆
言偽行汙，不足起人意」[60]。陳確（1604-1677）更將假道學

58　〈如是我聞〉，前揭書，卷四，頁 221。
59　陳澧：《東塾讀書記（外一種）》，（北京：三聯書店），1998，頁 332。
60　王源：〈與李中孚書〉，《居業堂文集》卷 7，《續修四庫全書》第 1418
　　冊，上海古籍出版社，2002，頁 155。連十分推崇理學的康熙也指出假
　　道學的充斥「日用常行，無非此理，自有理學名目，而彼此辯論。朕見
　　言行不相符者甚多。終日講理學，而所行之事，全與其言背謬，豈可謂
　　之理學？若口雖不講，而行事皆與道理吻合，此即真理學也。」、「凡
　　所貴道學者，必在身體力行，見諸實事，非徒托之空言。今漢官內有道
　　學之名者甚多，考其究竟，言行皆背。如崔蔚林之好事，居鄉不善，此
　　可云道學乎？」（章梫：《康熙政要》，北京中共中央黨校出版社，1994，
　　頁 303。）

細分為三種：「今世所謂假道學有三種：一則外竊仁義之聲，內鮮忠信之實者，謂之外假；一則內有好善之心，外無力善之事者，謂之內假；又有一種似是而非之學，內外雖符，名義亦正，而於道日隔，雖真亦假。破此三假，然後可以語學矣。」[61]，不僅是學者對假道學進行批判，連婦孺也可以憑著感覺經驗對假道學加以譏嘲[62]，無疑反映了當時社會上對道學普遍的不信任感，對假道學的嘲諷成了一種社會思潮。在清代批判假道學的思潮中，紀昀無疑是其中的一員大將，紀昀在《閱微草堂筆記》中對那些虛偽矯作、口是心非和坐而論道、不務實務的講學家，往往一針見血、直指核心地揭露他們假道學的醜態，把他們虛偽的嘴臉刻畫得淋漓盡致，可以看出紀昀對假道學的深惡痛絕。

　　《閱微草堂筆記》對假道學的批判與抨擊，在清代筆記小說中，可說是無人能出其右。它不僅以廣度取勝，而且以深度取勝。紀昀抨擊那些虛偽的講學家，毫不留情且直率辛辣，在《閱微草堂筆記》中有許多則透過神鬼狐魅之口，給予辛辣的諷刺，如〈灤陽消夏錄〉卷四中引了一則妖怪斥責時方饑荒盛行，卻在高談民胞物與的道學家「在此講民胞物與，不知講至天明，還可作飯餐？可作藥服否？且擊汝一磚，

61　陳確：《陳確集》，（北京：中華書局），1979 年，頁 111。

62　清初理學家張履祥（1611-1674）就曾感慨地說：「雖窮鄉婦女、三尺童豎，熟於口，慣於耳，見夫人一言一行稍異流俗也，遂以假道學為詬詆，一人始之，眾人相與和之，咸指而名以假云假云，曾不問其人之躬行操履，與夫存心學術之果何如，概將推而內之假之中，於是朝廷之上、鄉曲之間，盡以是為攻正人之矛幟，而空善類之坑阱矣。吾因之益深世道人心之感矣。」〈假道學說〉，《楊園先生全集》卷 18，頁 30-31，清同治十年（1871）江蘇書局刻本。

聽汝再講邪不勝正！」[63]，把一個只會空談心性卻胸無實學的假道學形象，生動逼真地刻畫出來。而紀昀著墨最多的是揭露那些外竊仁義之聲，內鮮忠信之實的假道學真面目，透過一則則的故事，讓假道學一一現形、無所遁藏。有的是藉妖魅之口，刻劃出假道學矯作虛偽、言行不一的形象：

> 王梅序孝廉言交河城西有古墓，林木叢雜，云藏妖魅，犯之者多患寒熱，樵牧不敢近。一老儒耿直負氣，由所居至縣城，其地適中，過必憩息，偃蹇傲睨，竟無所見聞，如是數年。一日，又坐墓袒裼納涼，歸而發狂譫語曰：「曩以汝為古君子，故任汝放誕，未敢侮汝，汝近乃作負心事，知從前規言矩步，皆貌是心非，今不復畏汝矣。」其家再三拜禱，昏憒數日。自是索然氣餒，每經其地，軋俛首疾趨。觀此知魅不足畏，心苟無邪，雖凌之而不敢校，亦觀此而知魅大可畏，行苟有玷，雖秘之而皆能窺。[64]

這位老儒的「規言矩步」讓古墓中的妖魅以為他是位古君子，因此「任汝放誕」，一旦老儒做了虧心事，「知從前

---

63 武邑某公與戚友賞花佛寺經閣前，其地最豁敞，而閣上時有變怪，入夜，人即不敢坐閣下，某公以道學自任，夷然弗信也，酒酣耳熱，盛談西銘萬物一體之理，滿座拱聽，不覺入夜。忽閣上厲聲叱曰：「時方飢疫，百姓頗有死亡，汝為鄉宦，既不思早倡義舉，施粥捨藥，即應趁此良夜，閉戶安眠，尚不失為自了漢，乃虛談高論，在此講民胞物與，不知講至天明，還可作飯餐？可作藥服否？且擊汝一磚，聽汝再講邪不勝正！」忽一磚飛下，聲若霹靂，杯盤幾案俱碎。
某公倉皇走出曰：「不信程朱之學，此妖之所以為妖歟！」徐步太息而去。紀昀著，孫致中等校點，《紀曉嵐文集》第二冊《閱微草堂筆記》，河北教育出版社，1991，頁73。
64 〈如是我聞〉卷四，前揭書，頁219。

規言矩步，皆貌是心非，今不復畏汝矣」，就讓老儒「發狂
譫語」，也揭穿了老儒假道學的真面目。道學家講的是「邪
不干正，妖不勝德」，但如果不是真君子卻偏要對鬼怪挑釁，
往往會遭致鬼怪的反擊而自取其辱。像〈灤陽消夏錄〉卷五
記載著一位詈狐的老學究，就遭致狐狸精揭發他好色的面
目，〈如是我聞〉卷四中另有一則老儒自取其辱的例子，經
過狐狸精的戲弄之後，「不得已焚香拜祝」，「自是不復相
覷，而講學之氣焰，已索然盡矣」也讓人看清楚他假道學的
面貌「古貌不古心」、「惟其不足於中，故悸悸於懷也」：

> 劉香畹言曩客山西時，聞有老儒經古塚，同行者言中
> 有狐，老儒詈之，亦無他異。老儒故善治生，冬不裘，
> 夏不絺，食不肴，飲不茗，妻子不宿飽，銖積錙累，
> 得四十金，鎔為四錠，祕緘之，而對人自訴無擔石。
> 自詈狐後，所儲金或忽置屋顛樹杪，使梯而取；或忽
> 在淤泥淺水，使濡而求；甚或忽投圊溷，使探而濯；
> 或移易其地，大索乃得；或失去數日，從空自墮；或
> 與客對坐，必納於帽簷；或對人拱揖，忽鏗然脫袖，
> 千變萬化，不可思議。一日，忽四錠躍擲空中，如蛺
> 蝶飛翔，彈丸擊觸，漸高遠，勢將飛去，不得已焚香
> 拜祝，始自投於懷，自是不復相覷，而講學之氣焰，
> 已索然盡矣。說是事時，一友曰：「吾聞以德勝妖，
> 不聞以詈勝妖也，其及也固宜。」一友曰：「使周張
> 程朱詈妖必不興，惜其古貌不古心。」一友曰：「周
> 張程朱必不輕詈，惟其不足於中，故悸悸於懷也」。

香畹首肯曰：「斯言洞見癥結矣。」[65]

〈灤陽消夏錄〉卷四中也有一則老儒自取其辱的例子，透過狐女之口，責備一位耆儒的真正用心，也讓這位假道學「瑟縮不能對」，在狐女責問之下，那假道學的存心，就洞然若揭無所遁逃了：

> 李孝廉存其言蠡縣有凶宅，一耆儒與數客宿其中，夜聞窗外撥剌聲，耆儒叱曰：「邪不干正，妖不勝德，余講道學三十年，何畏於爾？」窗外似有女子語曰：「君講道學，聞之久矣，余雖異類，亦頗涉儒書。大學扼要在誠意，誠意扼要在慎獨。君一言一動，必循古禮，果為修己計乎？抑猶有幾微近名者在乎？君作語錄，斷斷與諸儒辯，果為明道計乎？抑猶有幾微好勝者在乎？夫修己明道天理也，近名好勝，則人欲之私也。私欲之不能克，所講何學乎？此事不以口舌爭，君撫心清夜先自問其何如？則邪之敢干與否？妖之能勝與否？已了然自知矣，何必以聲色相加乎？」耆儒汗下如雨，瑟縮不能對。徐聞窗外微哂曰：「君不敢答，猶能不欺其本心，姑讓君寢。」又撥剌一聲，掠屋簷而去。[66]

這位耆儒的言行必循古禮，並不是為了「修己」而是為了「近名」；他作語錄，並不是為了「明道」而是為了「好勝」。他的作為只是「人欲之私」，無怪乎狐女敢現聲說「則邪之敢干與否？妖之能勝與否？已了然自知矣，何必以聲色

65　前揭書，頁 221-222。
66　前揭書，頁 81。

相加乎？」有些假道學還能外假公義之名，做些義正辭嚴的
事，若非神明揭發姦慝，差點就讓他博得正祀典的美名，使
他擴充私宅的私心得逞：

> 董曲江言默庵先生為總漕時，署有土神馬神二祠，惟
> 土神有配，其少子恃才兀傲，謂土神于思老翁，不應
> 擁豔婦；馬神年少，正為嘉耦，徑移女像於馬神祠，
> 俄眩僕不知人。默庵先生聞其事，親禱移還乃蘇。又
> 聞河間學署，有土神亦配以女像，有訓導謂黌宮不可
> 塑婦女，乃別建一小祠遷焉。土神憑其幼孫語曰：「汝
> 理雖正，而心則私，正欲廣汝宅耳，吾不服也。」訓
> 導方侃侃談古禮，猝中其隱，大駭，乃終任不敢居是
> 室。二事相近，或曰：「訓導遷廟猶以禮，董瀆神甚
> 矣，譴當重。」余謂董少年放誕耳，訓導內挾私心，
> 使己有利，外假公義，使人無詞，微神發其陰謀，人尚
> 以為能正祀典也。《春秋》誅心，訓導譴當重於董。[67]

紀昀諷刺寫作厲害之處，甚至連鬼狐吃吃一笑，就能揭
露假道學口稱儉素但內心貪財的面具，在〈如是我聞〉卷三
中有則極為辛辣高明的白描諷刺：

> 同年項君廷模言：昔嘗館翰林某公家，相見輒講學。
> 一日，其同鄉為外吏者，有所饋贈，某公自陳平生儉
> 素，雅不需此。見其崖岸高峻，遂逡巡攜歸。某公送
> 賓之後，徘徊廳事前，悵悵惘惘，若有所失，如是者
> 數刻。家人請進內午餐，大遭詬怒，忽聞有數人吃吃竊

笑之。視之無跡，尋之，聲在承塵上，蓋狐魅云。[68]

　　有時甚至不必透過鬼狐之口，就能將假道學表裡不一的形象刻劃出來，在紀昀家鄉河間府，有一唐生的惡作劇，就將好講無鬼論的塾師嚇得棄館而去，可見塾師也只是嘴上說說而已，並未篤信理學家所說的無鬼論：

> 河間唐生，好戲侮，土人至今能道之，所謂唐嘯子者是也。有塾師好講無鬼，嘗曰：「阮瞻遇鬼，安有是事？僧徒妄造蜚語耳。」唐夜灑土其窗，而嗚嗚擊其戶，塾師駭問為誰，則曰：「我二氣之良能也。」塾師大怖，蒙首股栗，使二弟子守達旦，次日委頓不起。朋友來問，但呻吟曰有鬼。既而知唐所為，莫不拊掌。然自是魅大作，拋擲瓦石，搖撼戶牖無虛夕。初尚以為唐再來，細察之乃真魅，不勝其嬲，竟棄館而去。蓋震懼之後，益以慚恚，其氣已餒，狐乘其餒而中之也。妖由人興，此之謂乎？[69]

　　另外在〈姑妄聽之〉卷二記載著講學的教書先生「好以苛禮繩生徒」，然而卻在積雨初晴的夜晚與自稱狐女的妓女勾搭成姦，到了天明，鴇母來接妓女，在學生面前，他道貌岸然的面具被揭穿，只好「自負衣裝，遠遁而去」：

> 董曲江前輩言有講學者，性乖僻，好以苛禮繩生徒。生徒苦之，然其人頗負端方名，不能詆其非也。塾後有小圃，一夕，散步月下，見花間隱隱有人影，時積雨初晴，土垣微圮，疑為鄰里竊蔬者。追而匿之，則

---

68 前揭書，頁 194。
69 〈灤陽消夏錄〉卷一，前揭書，頁 7。

一麗人匿樹後跪答曰：「身是狐女，畏公正人，不敢近，故夜來折花，不虞為公所見，乞曲恕。」言詞柔婉，顧盼間百媚俱生。講學者惑之，挑與語，宛轉相就。且云：「妾能隱形，往來無跡，即有人在側，亦不睹，不至為生徒知也。」因相燕昵。比天欲曉，講學者促之行。曰：「外有人聲，我自能從窗隙去，公無慮。」俄曉日滿窗，執經者麕至，女仍垂帳偃臥。講學者心搖搖，然尚冀人不見。忽外言某媼來迓女，女披衣徑出，坐皋比上，理鬢訖，斂衽謝曰：「未攜粧具，且歸梳沐，暇日再來訪，索昨夕纏頭錦耳。」乃里中新來角妓，諸生徒賄使為此也。講學者大沮，生徒課畢歸早餐，已自負衣裝遁矣。外有餘必中不足，豈不信乎？[70]

紀昀又記載著河間府一位騙徒的故事，諷刺的是他還將道貌岸然的道學家與這位行騙的遊方和尚寫在一起，當然這位道學家也是一位假道學：

> 河間有遊僧，賣藥於市，以一銅佛置案上，而盤貯藥丸，佛作引手取物狀。有買者先禱於佛，而捧盤進之。病可治者，則丸躍入佛手；其難治者，則丸不躍。舉國信之。後有人於所寓寺內，見其閉戶研鐵屑，乃悟其盤中之丸，必半有鐵屑，半無鐵屑；其佛手必磁石為之，而裝金於外。驗之信然，其術乃敗。會有講學者，陰作訟牒，為人所訐。到官昂然不介意，侃侃而

爭。取所批《性理大全》核對，筆跡皆相符，乃叩額
伏罪。太守徐公諱景曾，通儒也，聞之笑曰：「吾平
生信佛不信僧，信聖賢不通道學，今日觀之，灼然不
謬。」[71]

　　把騙徒和假道學並列，篇末更加上徐太守的一句「信佛
不信僧，信聖賢不通道學」，假道學的形象如何？以及紀昀
諷刺的意味也就不言可喻了。除了這位「陰作訟牒」貪圖報
酬的假道學外，〈灤陽消夏錄〉卷二，還有一位講學家貪財
之例：

族叔檠庵言：「肅寧有塾師，講程朱之學。一日，有
遊僧乞食於塾外，木魚琅琅，自辰逮午不肯息。塾師
厭之，自出叱使去，且曰：『爾本異端，愚民或受爾
惑耳。此地皆聖賢之徒，爾何必作妄想！』僧作禮曰：
『佛之流而募衣食，猶儒之流而求富貴也。同一失其
本來，先生何必定相苦？』塾師怒，自擊以夏楚。僧
振衣起曰：『太惡作劇。』遺布囊於地而去。意必復
來，暮竟不至。捫之，所貯皆散錢，諸弟子欲探取。
塾師曰：『俟其久而不來，再為計。然須數明，庶不
爭。』甫啟囊，則群蜂坌湧，塾師弟面目盡腫，號呼
撲救。鄰里咸驚問，僧忽排闥入曰：『聖賢乃謀匿人
財耶？』提囊逕行。臨出，合掌向塾師曰：『異端偶
觸忤聖賢，幸見恕。』觀者粲然。」或曰幻術也，或
曰塾師好闢佛，見僧輒詆。僧故置蜂於囊以戲之。檠

> 庵曰：「此事余目擊。如先置多蜂於囊，必有蠕動之
> 狀，見於囊外。爾時殊未睹也，云幻術者為差近。」[72]

講程朱之學的塾師對遊僧「擊以夏楚」，憑藉自認為是
「聖賢之徒」，而遊僧是「異端」，闢佛似乎順理成章。但
塾師卻貪財而打開遊僧遺下的布囊，遭到蜂螫，遊僧「聖賢
乃謀匿人財耶？」一句話就道出這位塾師假道學的面目，末
了還加上一句「異端偶觸忤聖賢，幸見恕」，譏諷塾師假道
學的意味十足。故事中遊僧所說的「佛之流而募衣食，猶儒
之流而求富貴也。同一失其本來」，或許是紀昀有意借遊僧
之口，自我嘲諷，來表達對當時僧侶以及儒者「失其本來」
的不滿，倒有些李贄《續焚書・三教歸儒說》中批評假道學
「陽為道學，陰為富貴」的意味。

有些假道學不僅是虛偽矯作、口是心非而已，更會裝神
弄鬼來害人，在〈灤陽消夏錄〉卷三的故事中，紀昀父親姚
安公對這位老儒的評語是「謂之真魅可矣」，讀聖賢書卻做
魑魅魍魎的事，怎不令人深惡痛絕呢？

> 淮鎮在獻縣東五十五里，即《金史》所謂槐家鎮也，
> 有馬氏者家，忽見變異，夜中或拋擲瓦石，或鬼聲嗚
> 嗚，或無人處突出相嬲，歲餘不止，禱禳亦無驗，乃
> 買宅遷居。有賃居者嬲如故，不久亦他徙，以是無人
> 敢再問。有老儒不信其事，以賤買得之，卜日遷居，
> 竟寂然無他，頗謂其德能勝妖。既而有獪盜登門與詬
> 爭，始知宅之變異，皆老儒賄盜夜為之，非真魅也。

先姚安公曰：「魅亦不過變幻也，老儒之變幻如是，
即謂之真魅可矣。」[73]

　　描繪齷齪卑劣假道學的故事在《閱微草堂筆記》中還有
許多則，〈灤陽消夏錄〉卷四中兩位以道學自任的塾師，講
起學來「辯論性天，剖析理欲，嚴詞正色，如對聖賢」，忽
然微風吹落兩人密謀奪取寡婦田產的信劄，被學生撿起來看
到，事機才敗露，假道學的面目也才被揭穿，和上則故事的
老儒一樣，這些都是貌似忠謹卻心懷叵測的假道學：

兩塾師鄰村居，皆以道學自任。一日相邀會講，生徒
侍坐者十餘人，方辯論性天，剖析理欲，嚴詞正色，
如對聖賢。忽微風颯然，吹片紙落階下，旋舞不止，
生徒拾視之，則二人謀奪一寡婦田，往來密商之也。
此或神惡其偽，故巧發其奸歟？然操此術者眾矣，固
未嘗一一敗也，聞此劄既露，其計不行，寡婦之田竟
得保。當由煢嫠苦節，感動幽冥，故示是靈異，以陰
為呵護云爾。[74]

　　透過紀昀筆下一則則的故事，那些虛偽矯作、言行不一，
口是心非、貪財害人種種假道學的形象，一一披露在讀者的
眼前。在紀昀的眼裡，讀書講學之儒，若是位利己損人的假
道學，倒還不如一位沒有私心的村婦：

北村鄭蘇仙，一日夢至冥府，見閻羅王方錄囚。有鄰
村一媼至殿前，王改容拱手，賜以杯茗，命冥吏速送
生善處。鄭私叩冥吏曰：「此農家老婦，有何功德？」

---

73 前揭書，頁 41-42。
74 前揭書，頁 81。

冥吏曰：「是嫗一生無利己損人心。夫利己之心，雖賢士大夫或不免。然利己者必損人，種種機械，因是而生，種種冤忿，因是而造，甚至貽臭萬年，流毒四海，皆此一念為害也。此一村婦而能自製其私心，讀書講學之儒對之多愧色矣。何怪王之加禮乎？」鄭素有心計，聞之惕然而寤。[75]

冥吏說的「此一村婦而能自製其私心，讀書講學之儒對之多愧色矣。何怪王之加禮乎？」，就是對那些貪財害人假道學最有力的譏諷。另有一則藉鬼神之口，說出紀昀對假道學的痛惡和譏諷：

族姪肇先言，有書生讀書僧寺，遇放燄口，見其威儀整肅，指揮號令，若可驅役鬼神。喟然曰：「冥司之敬彼教，乃逾於儒。」燈影朦朧間，一叟在旁語曰：「經綸宇宙，惟賴聖賢，彼仙佛特以神道補所不及耳。故冥司之重聖賢，在仙佛上。然所重者真聖賢，若偽聖賢則陰干天怒，罪亦在偽仙偽佛上。古風淳樸，此類差稀；四五百年以來，累囚日眾，已別增一獄矣。蓋釋道之徒，不過巧陳罪福，誘人施捨，自妖黨聚徒，謀為不軌外，其偽稱我仙我佛者，千萬中無一。儒則自命聖賢者，比比皆是，民聽可惑，神理難誣，是以生擁皋比，歿沉阿鼻，以其貽害人心，為聖賢所惡故也。」書生駭愕，問：「此地府事，公何由知？」一彈指間，已無所睹矣。[76]

---

75 〈灤陽消夏錄〉卷一，前揭書，頁5。
76 〈如是我聞〉卷四，前揭書頁，236-237。

　　在《論語・述而篇》中，孔子對於別人推崇他為聖人時的反應是「若聖與仁，則吾豈敢？抑為之不厭，誨人不倦，則可謂云爾已矣！」，但是透過一位鬼神之口：「四五百年以來……儒則自命聖賢者，比比皆是」，這些偽聖賢貽害人心，罪在偽仙偽佛之上，因此在阿鼻地獄「累囚日眾，已別增一獄矣」，可以看出紀昀是多麼地痛惡假道學了。

　　或許就是紀昀在書中對假道學的刻劃，表現出深惡痛絕，往往毫不留情地給予辛辣的諷刺，因此學者大多認為《閱微草堂筆記》中充滿著反理學的思想[77]，但是從下文紀昀對真君子[78]的讚揚中，就算是理學家，他也會不吝給予好評，

---

77 如張麗珠，紀昀反宋學的思想意義 —— 以《四庫提要》與《閱微草堂筆記》為觀察線索，漢學研究 20：1。

78 如〈姑妄聽之〉卷二記錄了清初理學名臣魏環極（1616-1685）與狐狸精的故事，也可以看出紀昀並非一昧的醜詆宋明理學，對講學家中的真君子，還是會給予尊重推崇：「相傳魏環極先生，嘗讀書山寺，凡筆墨幾榻之類，不待拂拭，自然無塵，初不為意，後稍稍怪之。一日晚歸，門尚未啟，聞室中窸窣有聲，從隙竊覘，見一人方整飭書案，驟入掩之，其人瞥穿後窗去，急呼令近，其人遂拱立窗外，意甚恭謹，問：『汝何怪？』磬折對曰：『某狐之耆儒者也，以公正人不敢近。然私敬公，故日日竊執僕隸役，幸公勿訝……公剛大之氣、正直之情，實可質鬼神而不愧，所以敬公者在此』」（前揭書，頁 410）、〈槐西雜志〉卷四記載著另一位老儒周某「先師陳白崖先生言業師某先生，（忘其姓字，似是姓周）篤信洛閩，而不騖講學名，故窮老以終，聲華闃寂，然內行醇至，粹然古君子也。嘗稅居空屋數楹，一夜，聞窗外語曰：『有事奉白，慮君恐怖奈何！』先生曰：『第入無礙。』入則一人戴首於項，兩手扶之，首無巾而身爛衫，血漬其半。先生拱之坐，亦謙遜如禮。先生問何語？曰：『僕不幸明末戕於盜，魂滯此屋內。向有居者，雖不欲為祟，然陰氣陽光互相激搏，人多驚悸，僕亦不安。今有一策，鄰家一宅，可容君眷屬，僕至彼多作變怪，彼必避去，有來居者，擾之如前，必棄為廢宅，君以賤價購之，遷居於彼，僕仍安居於此，不兩得乎？』先生曰：『吾平生不作機械事，況役鬼以病人乎？義不忍為，吾讀書此室，圖少靜耳，君既在此，即改以貯雜物，日扃鎖之可乎？』鬼愧謝曰：『徒見

或許紀昀反對的是理學的末流弊端，痛恨的是虛偽的假道學罷了，對德行醇然、躬行自修的理學家，仍然是心折的。再對照《閱微草堂筆記》中紀昀對三綱五常、忠孝節義等倫理道德，仍是不餘遺力地提倡與遵守，全書中忠臣、孝子、節婦獲得鬼神欽敬、呵護的例子比比皆是[79]，至於紀昀和理學的扞格不入，是治學方法上的差異[80]，而在以禮教來維護社

君案上有性理，故敢以此策進，不知君竟真道學，僕失言矣！既荷見容，即託字下可也。』後居之四年，寂無他異，蓋正氣足以懾之矣。」（前揭書，頁 366）

79 忠臣之例如〈灤陽消夏錄〉卷三「有廝養曰巴拉，從征時遇賊，每力戰，後流矢貫左頰，鏃出於右耳之後，猶奮刀砍一賊，與之俱仆。後因事至孤穆第（在烏魯木齊、特納格爾之間），夢巴拉拜謁，衣冠修整，頗不類賤役。夢中忘其已死，問向在何處？今將何往？對曰：「因差遣過此，偶遇主人，一展積戀耳。」問何以得官？曰：「忠孝節義，上帝所重，凡為國捐生者，雖下至僕隸，生前苟無過惡，幽冥必與一職事；原有過惡者，亦消除前罪，向人道轉生。奴今為博克達山神部將，秩如驍騎校也」（前揭書，頁 47），孝子之例如〈灤陽消夏錄〉卷三「去余家十餘里，有聾者姓衛，戊午除夕，偏詣常呼彈唱家辭歲，各與以食物，自負以歸。半途失足，墮枯井中。既在曠野僻徑，又家家守歲，路無行人，呼號嗌乾，無應者。幸井底氣溫，又有餅餌可食，渴甚則咀水果，竟數日不死。會屠者王以勝驅豕歸，距井有半里許，忽繩斷，豕逸狂奔野田中，亦失足墮井，持鉤出豕，乃見聾者，已氣息僅屬矣。井不當屠者所行路，殆若或使之也。先兄晴湖問以井中情狀，聾者曰：「是時萬念皆空，心已如死。惟念老母臥病，待聾子以養。今並聾子亦不得，計此時恐已餓莩，覺酸徹肝脾，不可忍耳。」先兄曰：非此一念，王以勝所驅豕必不斷繩」（前揭書，頁 55），節婦之例如〈灤陽消夏錄〉卷二記「一日，喧傳節婦至，冥王改容，皆振衣佇迓。見一老婦纍然來，其行步步漸高，如躡階級，比到，竟從殿脊上過，莫知所適。冥王憮然曰：『此已升天，不在吾鬼籙中矣。』」（前揭書，頁 35）。

80 紀昀和理學的扞格不入，正如盛時彥在〈閱微草堂筆記序〉中所說的：「河間先生，以學問文章，負天下重望，而天性孤直，不喜以心性空談，標榜門戶」（《紀曉嵐文集》第二冊《閱微草堂筆記》，河北教育出版社，1991 年，頁 1。）主要是紀昀認為理學易流於空談，以及標榜門戶所引起的門戶之爭。此外，紀昀主張以「神道設教」來維護社會人心之安定，也和宋儒的無鬼論不同。

會秩序與行為規範的目標上，可說是和程朱學說所提倡的並無二致，可謂殊途而同歸。

三、對食古不化、迂腐學究的譏諷批判

《閱微草堂筆記》中紀昀另一個譏諷揶揄的對象就是那些讀書不通、不明世事，迂腐的老學究。紀昀稟承庭訓，講求的是「以實心勵實行，以實學求實用」[81]、「讀書以明理，明理以致用也」[82]，如在編次《四庫全書》子部諸家時，特意將「舊史多退之於末簡」的農家、醫家這兩類，緊列於「禮樂兵刑，國之大柄」的儒、兵、法三家之後，看重的就是有濟眾之實用[83]。因此對於不明世事、食古不化的老學究，是頗為譏諷[84]和痛心。他譏諷和痛心的對象，有的是墨守制藝的老學究，如〈灤陽消夏錄〉卷一中的老學究讀書一生，胸

81　〈姑妄聽之〉，前揭書，卷二，頁 410。
82　〈姑妄聽之〉，前揭書，卷四，頁 488。
83　紀昀，〈濟眾新編序〉，《紀曉嵐文集》第一冊，前揭書，頁 179-180。
　　紀昀也提及會為此書作序是「偶見其書，喜其有濟眾之實心，而又有濟眾之實用」。
84　如在〈姑妄聽之〉中譏諷講學家不如老河兵之事：滄州南，一寺臨河干，山門圯於河，二石獸並沈焉。閱十餘歲，僧募金重修，求二石獸於水中，竟不可得，以為順流下矣。棹數小舟，曳鐵鈀尋十餘里無跡，一講學家設帳寺中，聞之笑曰：「爾輩不能究物理，是非木杮，豈能為暴漲之去？乃石性堅重，沙性鬆浮，湮於沙上，漸沉漸深耳。沿河求之，不亦顛乎？」眾服為確論。一老河兵，聞之又笑曰：「凡河中失石，當求之於上流。蓋石性堅重，沙性鬆浮，水不能衝石，其反激之力，必於石下迎水處齧沙為坎穴。漸沉漸深，至石之半，石必倒擲坎穴中。如是再齧，石又再轉，轉轉不已，遂反溯流逆上矣。求之下流固顛？求之地中，不更顛乎？」如其言，果得於數里外。然則天下之事，但知其一，不知其二者多矣，可據理臆斷歟？（前揭書，卷二，頁 411。）

中所讀之書在睡夢中「字字化爲黑煙，籠罩屋上，諸生誦讀
之聲，如在濃雲密霧中。實未見光芒」，透過鬼魂之口，深
深地表達出紀昀對理學淪爲講章時文的不滿，因此加以挪
揄，而老學究讀書不通的形象也就躍然紙上了：

> 愛堂先生言：聞有老學究夜行，忽遇其亡友，學究素
> 剛直，亦不怖畏，問君何往，曰：「吾為冥吏，至南
> 村有所勾攝，適同路耳。」因並行。至一破屋，鬼曰：
> 「此文士廬也。」問何以知之，曰：「凡人白晝營營，
> 性靈汨沒，惟睡時一念不生，元神朗澈，胸中所讀之
> 書，字字皆吐光芒自百竅而出。其狀縹緲繽紛，爛如
> 錦繡，學如鄭孔，文如屈宋班馬者，上燭霄漢，與星
> 月爭輝，次者數丈，次者數尺，以漸而差。極下者，
> 亦熒熒如一燈，照映戶牖，人不能見，惟鬼神見之耳。
> 此室上光芒高七八尺，以是而知。」學究問：「我讀
> 書一生，睡中光芒當幾許？」鬼囁嚅良久曰：「昨過
> 君塾，君方晝寢。見君胸中高頭講章一部，墨卷五六
> 百篇，經文七八十篇，策略三四十篇。字字化為黑煙，
> 籠罩屋上，諸生誦讀之聲，如在濃雲密霧中。實未見
> 光芒，不敢妄語。」學究怒叱之，鬼大笑而去。[85]

　　有的是譏諷泥古、復古的學究，痛恨他們食古不化、昏
憒害事：

> 奴子逿顯喜讀書，頗知文義，亦稍知醫藥，性情迂緩，
> 望之如傴僂老儒。一日步行市上，逢人輒問見魏三兄

否（奴子魏藻，行三也）？或指所在，復雅步以往。
比相見，喘息良久，問相見何意？曰適在苦水井前，
遇見三嫂在樹下作鐵啣，倦而假寐，小兒嬉戲井旁，相
距三五尺耳。似乎可慮，男女有別，不便呼三嫂使醒，
故走覓兄，魏大駭奔往，則婦已俯井哭子矣。夫僮僕
讀書，可云佳事，然讀書以明理，明理以致用也，食
而不化，至昏憒僻謬，貽害無窮，亦何貴此儒者哉？[86]

　　溥顯雖然是奴僕，但紀昀已經把他視為老儒，所以才說
出「何貴此儒者哉？」的話，他既痛心溥顯食古不化的弊病，
執著於男女有別的信念，而讓悲劇發生，才令紀昀發出「昏
憒僻謬，貽害無窮」的浩歎，但也生動地描繪出一個不知變
通、死守教條迂腐老學究的形象。另如〈灤陽消夏錄〉卷三
中，紀昀高祖厚齋公（紀坤 1570-1642）之友的復古、泥古
的形象，也是在紀昀的筆下被生動逼真地描繪出來：

劉羽沖，佚其名，滄州人。先高祖厚齋公多與唱和，
性孤僻，好講古制，實迂闊不可行。嘗倩董天士作畫，
倩厚齋公題。內《秋林讀書》一幅云：「兀坐秋樹根，
塊然無與伍。不知讀何書？但見鬚眉古。只愁手所
持，或是井田譜。」蓋規之也。偶得古兵書，伏讀經
年，自謂可將十萬。會有土寇，自練鄉兵與之角，全
隊潰覆，幾為所擒。又得古水利書，伏讀經年，自謂
可使千里成沃壤。繪圖列說於州官。州官亦好事，使
試於一村。溝洫甫成，水大至，順渠灌入，人幾為魚

由是抑鬱不自得，恒獨步庭階，搖首自語曰：「古人
豈欺我哉？」如是日千百遍，惟此六字。不久，發病
死。後風清月白之夕，每見其魂在墓前松柏下，搖首
獨步。傾耳聽之，所誦仍此六字也。或笑之，則歘隱。
次日伺之，復然。泥古者愚，何愚乃至是歟？阿文勤
公嘗教昀曰：「滿腹皆書能害事，腹中竟無一卷書，
亦能害事。國弈不廢舊譜，而不執舊譜；國醫不泥古
方，而不離古方。故曰：『神而明之，存乎其人。』
又曰：『能與人規矩，不能使人巧。』」[87]

　　劉羽沖一生因為泥古而欲復古，但食古不化致使練兵不
成、治水也失敗，但還是執著於「古人豈欺我哉」，至死不
悟，也難怪引起紀昀發出「何愚乃至是歟？」的浩嘆。紀昀
治學崇實黜虛的態度，重視的是實學、實行、實心、實用、
明理致用，當然會反對泥古、復古，除了上兩則的引述外，
〈姑妄聽之〉卷三所提到的黃山二鬼[88]，也是譏諷講學家主
張恢復井田制度的不可行，此外在〈如是我聞〉卷四中，藉
著乾隆己卯、庚辰年間，獻縣掘得唐代大中七年明經劉伸所
撰張君平墓誌一事，很難得地不借鬼狐之口，直抒對世人泥
古謬見的批判：

字畫尚可觀，文殊鄙俚。余拓示李廉衣前輩曰：「公
謂古人事事勝今人，此非唐文耶？天下率以名相耀
耳。如核其實，善筆札者必稱晉，其時亦必有極拙之
字，善吟詠者必稱唐，其時亦必有極惡之詩，非晉之

87　〈灤陽消夏錄〉，前揭書，卷三，頁50。
88　「周化源言：有二士遊黃山」條，前揭書，頁453-455。

廝役皆羲、獻，唐之屠沽皆李、杜也。西子、東家，實為一姓；盜跖、柳下，乃是同胞，豈能美則俱美，賢則俱賢耶？賞鑒家得一宋硯，雖滑不受墨，亦寶若球圖；得一漢印，雖謬不成文，亦珍逾珠璧，問何所取？曰：『取其古耳。』東坡詩曰：『嗜好與俗殊酸鹹』斯之謂歟！」[89]

紀昀除了反對食古不化的泥古、復古外，他對漢學流於繁瑣考據的弊端也有所不滿，清乾隆、嘉慶年間，是漢學極盛，宋學起而抗之的時期。紀昀雖身處於「漢學家的大本營」[90]的四庫館中，從往交遊也多是漢學家朋友王鳴盛、錢大昕、朱筠、盧文弨、王昶、戴震之輩[91]。但他並不願偏廢一方，對待漢學和宋學，他持著一種理性的態度[92]，和一般人的觀念，認為紀昀是仇視宋學的漢學家有些出入，在《閱微草堂筆記》中紀昀對漢學之弊，一如對宋學之弊，同樣都給予辛辣的譏諷：

　　朱青雲言，嘗與高西園散步水次。時春冰初泮，淨綠

---

89 〈如是我聞〉，前揭書，卷四，頁234-235。
90 梁啓超：《清代學術概論》，（台北：水牛出版社，1981）。
91 紀昀和王鳴盛、錢大昕、朱筠、王昶都是乾隆十九年同科進士，且紀昀居於北京虎坊橋給孤寺旁，與王鳴盛寓齋僅隔一垣，兩人往還甚歡，以詩相酬，傳看紀昀所編的《張爲主客圖》（王鳴盛有〈虎坊新居與紀吉士昀隔一垣旁有給孤寺〉一詩）；又結識戴震成爲莫逆之交。戴震凡赴京師，總要居於紀昀家與他切磋商討學問，互訴別情「東原與昀交二十餘年，主昀家前後幾十年」（紀昀著，〈與余存吾太史書〉，《紀曉嵐文集》第一冊，前揭書，頁274）。
92 侯健，〈閱微草堂筆記的理性主義〉，《中外文學》，8卷1期（1980.6），頁30-48。侯建認爲「紀昀的主題，恰也是一個理字，但是一個深具彈性的理，而無絕對與武斷的氣息」、「紀昀仍要調停兩者，不肯偏廢」、「他調停兩者，不趨極端的態度」，詳見該文。

瀲灩。高曰：「憶晚唐有『魚鱗可憐紫，鴨毛自然碧』
句，無一字言春水而晴波滑笏之狀，如在目前。惜不
記其姓名矣。」朱沉思未對，聞老柳後有人語曰：「此
初唐劉希夷詩，非晚唐也。」趨視無一人，朱悚然曰：
「白日見鬼矣！」高微笑曰：「如此鬼，見亦大佳，
但恐不肯相見耳。」對樹三揖而行。歸檢劉詩，果有
此二語。余偶以告戴東原，東原因言有兩生燭下對
談，爭春秋周正夏正，往復甚苦，窗外忽太息言曰：
「左氏周人，不容不知周正朔，二先生何必費詞也？」
出視窗外，惟一小僮方酣睡。觀此二事，儒者日談考
證，講曰若稽古，動至十四萬言，安知冥冥之中，無
在旁揶揄者乎？[93]

在乾嘉考據學風如日中天的時代，對大家趨之若鶩的考
據之學，紀昀竟敢透過鬼神之口而加以揶揄，如果紀昀果真
一昧反對宋學，又怎麼會有譏諷漢學「儒者日談考證，講曰
若稽古，動至十四萬言，安知冥冥之中，無在旁揶揄者乎？」
的記述呢？另有一則書生借視狐精之書「皆五經、論語、孝
經、孟子之類。但有經文而無註。問經不解釋，何由講貫？
老翁曰：『吾輩讀書，但求明理。聖賢言語本不艱深，口相
授受，疏通訓詁，即可知其義旨，何以註為？』」[94]，也頗
有借狐精之口，表達出對儒者陷入訓詁泥淖的譏諷。再對照
《閱微草堂筆記》中紀昀對周姓老儒、魏環極等人形象的描
繪，並不會因他們講理學就醜詆他們，也是寫出鬼狐對他們

93　〈灤陽消夏錄〉，前揭書，卷五，頁 96。
94　〈灤陽消夏錄〉，前揭書，卷三，頁 53。

的欽敬。所以紀昀對理學主敬立誠、躬行自修的功夫還是相當地敬佩，因此才有這樣對講學家正面形象的描寫，而紀昀在治學和立身處世的態度，倒頗有「治經宗漢儒，立身宗宋儒」、「六經尊服鄭，百行法程朱」[95]的意味。再看紀昀〈丙辰會試錄序〉一文中，他很清楚地表達出對漢宋學不偏廢的態度：

> 良以制藝主於明義理，固當以宋學為宗，而以漢學補苴其所遺。糾繩其太過耳，如竟以訂正字畫，研尋音義，務旁徵遠引以眩博，而義理不求其盡合，毋乃於聖朝造士之法稍未深思乎。夫古學，美名也；崇獎古學，亦美名也。名所集而利隨焉，故弋獲者有之；利所集而偽生焉，故割剝讖緯，掇拾蒼雅，編為分類之書，以備剿說之用者亦有之。[96]

在序中紀昀提出了「明義理，固當以宋學為宗，而以漢學補苴其所遺」，但也指出了漢學的流弊「以訂正字畫，研尋音義，務旁徵遠引以眩博，而義理不求其盡合……夫古學，美名也；崇獎古學，亦美名也。名所集而利隨焉，故弋獲者有之；利所集而偽生焉，故割剝讖緯，掇拾蒼雅，編為分類之書，以備剿說之用者亦有之」，可見他並不完全排斥宋學、偏頗漢學，也能指出崇獎古學（漢學）所衍生的流弊。

---

95 江藩，《經解入門》〈漢宋門戶異同〉節，（天津市古籍書店，1990），卷三，頁74。江藩治學雖宗漢學，但對宋儒修身的功夫卻頗推服「學者治經宗漢儒，立身宗宋儒，則兩得矣」、「本朝為漢學者，始于元和惠氏，紅豆山房半農人手書楹帖云：『六經尊服鄭，百行法程朱』，不以為非，且以為法，為漢學者背其師承可哉！藩為是記，實本師說。」

96 紀昀，〈丙辰會試錄序〉，《紀曉嵐文集》第一冊，前揭書，頁149。

　　由上述紀昀在《閱微草堂筆記》中對講學家空談高論形象的刻畫，可以看出紀昀對講學家的譏諷和抨擊，是因爲他認爲理學易於產生空談、臆斷和無益於國計民生的流弊，「唯漢儒之學，非讀書稽古，不能下一語；宋儒之學，則人人皆可以空談。其間蘭艾同生，誠有不盡愜人心者，是嗤點之所自來」一語，可以看出他這種重視考據實證，反對空談高論的治學傾向。但也從這句話中的「蘭艾同生」，點出了紀昀是承認宋學也有所長，「《論語》《孟子》，宋儒積一生精力，字斟句酌，亦斷非漢儒所及……宋儒尙心悟，研索易深」都是紀昀指出宋學的「蘭」，而他所抨擊的「艾」，正如前文所提到的空談、臆斷和無益於國計民生這些宋學流弊。紀昀這種重視實證，反對空談高論的治學趨向，並非只針對宋學，「故余於漢儒之學，最不信《春秋繁露》、《洪範五行傳論》；於宋儒之學，最不信《河圖洛書》、《皇極經世書》」話中也透露出他對漢、宋儒者所倡的形而上學，其中唯心玄虛言論的不滿，這正是他「崇實黜虛」，重視實證理念的展現。因爲認同漢學徵實的治學方法，所以講求考證的紀昀是趨向於漢學，而不滿流於空談的講學家。但是以徵實的考證方法，是要達到「讀書以明理，明理以致用也」，所以最終目的還是在於致用。如果只是沉湎於復古，導致泥古而食古不化，成爲迂腐的學究，甚至陷入「儒者日談考證，講曰若稽古，動至十四萬言」這種繁瑣的考證弊病當中，紀昀也會毫不客氣地給予辛辣的諷刺，所以在《閱微草堂筆記》中，才有譏諷揶揄那些讀書不通、不明世事，迂腐老學究的形象描寫。尤其當早期清代漢學家所提倡透過漢學治學方法，以

回歸經典原義的精神逐漸被淡忘之後，導致學者沉溺於故紙堆中，窮年累月於字句的考證，經世風格逐漸淡化，清代漢學的流弊也逐漸浮現出來。以批評漢學最力的姚鼐為例，姚鼐對漢學流弊的批評，主要集中在兩方面，一是認為漢學「守一家之偏」[97]，二是指責漢學為「穿鑿瑣屑」之學[98]，如果去除因為推崇程朱而對漢學攻擊的感情因素，平心而論，姚鼐對漢學的某些批評也並非全然無理，如說漢學「穿鑿瑣屑」，務為餖飣之學，甚至「守一家之偏，蔽而不通」，確實是說到了漢學的某些痛處。對此，紀昀其實也早已毫不避諱地指出漢學之弊「及其弊也拘」、「及其弊也瑣」[99]，甚至也發

---

97 姚鼐批評道：「當明時，經生惟聞宋儒之說，學漢、唐箋注屏棄不觀，其病誠隘。近時乃好言漢學，以是為有異於俗。夫守一家之偏，蔽而不通，亦漢之俗學也，其賢也幾何？」（〈復孔撝約論禘祭文〉，《惜抱軒文集》，《續修四庫全書》第 1453 冊，（上海古籍出版社，2002），卷六，頁 47。）、「孔子沒而大道微，儒家承秦滅學之後，始立專門，各抱一經，師弟傳受，儕偶怨怒嫉妒，不相通曉，其於聖人之道，猶築牆垣而塞門巷也。」（〈贈錢獻之序〉，《惜抱軒文集》，《續修四庫全書》第 1453 冊，（上海古籍出版社，2002），卷七，頁 56。），這如同紀昀所說的「及其弊也拘」。

98 姚鼐批評道：「近時陽明之焰熄，而異道又興。學者稍有志於勤學法古之美，則相率而競於考證訓詁之塗，自名漢學，穿鑿瑣屑，駁難猥雜。其行曾不能望見象山、陽明之倫，其識顧更卑於永嘉，而輒敢上詆程、朱，豈非今日之患哉！」（〈安慶府重修儒學記〉，《惜抱軒文集後集》，《續修四庫全書》第 1453 冊，（上海古籍出版社，2002），卷十，頁 202。）、「明末至今日，學者頗厭功令所載為習聞，又惡陋儒不考古而蔽於近，於是專求古人名物、制度、訓詁、書數，以博為量，以窺隙攻難為功，其甚者欲盡捨程、朱而宗漢之士。枝之獵而去其根，細之蒐而遺其鉅，夫寧非蔽歟！」（〈贈錢獻之序〉，《惜抱軒文集》，《續修四庫全書》第 1453 冊，（上海古籍出版社，2002），卷七，頁 56。），這如同紀昀所說的「及其弊也瑣」。

99 此二句見《四庫全書總目·經部總序》，前揭書，1997。

出「早年辛苦事雕蟲」[100]的感嘆。我們且看紀昀主持會試時，取士用心於「明理」、「考證」、「事功」、「通經致用」，或許可以看出紀昀是欲以考據以求明理，由明理以建事功，簡言之，縈繞在其心中的目標就是通經致用：

> 設科取士將使分治天下之事也。欲治天下之事必折衷於理，欲明天下之理必折衷於經，……今之所錄，大抵以明理為主。其逞辨才、騖雜學、流於偽體者不取，貌襲先正而空疏無物、割剝理學之字句而餖釘剿竊、似正體而實偽體者亦不取，期無戾於通經致用之本意而已。[101]

> 周公手定《周禮》，聖人非不講事功；孔子問禮、問官，聖人非不講考證，不通天下之事勢而坐談性命，不究前代之成敗而臆斷是非，恐於道亦未有合。「永嘉之學」或可與「新安」相輔歟？[102]

由此可知紀昀雖然認同漢學的治學方法，但也不以考據為限，因此也才會毫不客氣地指出漢學的流弊[103]，一如對宋

---

100 〈小憩三間房見壁上詩意互牴戲題二絕句〉，《紀曉嵐文集》第一冊，前揭書，頁 532。
101 〈甲辰會試錄序〉，《紀曉嵐文集》第一冊，前揭書，頁 148。
102 〈丙辰會試策問〉，《紀曉嵐文集》第一冊，前揭書，頁 270。
103 如在乾嘉樸學大師惠棟的《左傳補注》提要中即揭示出惠棟考據學無法通經致用的弊端「蓋其長在博，其短亦在於嗜博。其長在古，其短亦在於泥古也。」（《四庫全書總目》，前揭書，上冊卷 29，頁 380。），又在《四庫全書總目》卷首三（凡例）也對顧炎武音學表達出不滿「聖賢之學，主於明體以達用，凡不可見諸實事者，皆屬卮言。儒生著書，務為高論，陰陽太極，累牘連篇，斯已不切人事矣。至於論九河則欲修禹跡，考六典則欲復周官，封建井田，動稱三代，而不揆時勢之不可行。至黃諫之流，欲使天下筆劃皆改篆體；顧炎武之流，欲使天下言語皆作

學之弊，同樣都給予辛辣的譏諷。而在「通經致用」的思維
下，讓他不再囿限於漢宋學的藩籬之中，轉而重視傳統儒學
中「濟世」的一面，在講求「內聖」的理學家眼中，總帶有
異端氣味的永嘉事功學派，紀昀卻頗有為之平反之辭：

> 永嘉之學，倡自呂祖謙，和以葉適及傅良，遂于南宋
> 諸儒別為一派。朱子頗以涉于事功為疑。然事功主于
> 經世，功利主于自私，二者似一而實二。未可盡斥永
> 嘉為霸術。且聖人之道，有體有用；天下之勢，有緩有
> 急。陳亮上孝宗疏所謂風痹不知痛癢者，未嘗不中薄
> 視事功之病。亦未可盡斥永嘉為俗學也。[104]

在紀昀看來「聖人非不講事功」，講求外王經世之學，
並不同於出於自私之心的功利主義，紀昀並非輕視道德，而
是不認同心性派學者的輕視事功「夫儒者之學，明體達用。
道德事業，本無二源，歧而兩之，殊為偏見」[105]，所以人品
事業卓絕一時的范仲淹，就備受紀昀的推崇：

> 蓋行求無愧於聖賢，學求有濟於天下，古之所謂大儒

古音，迂謬抑更甚焉。又如明之曲士，人喜言兵，《二麓正議》欲掘坑
藏錐以刺敵，《武備新書》欲雕木為虎以臨陣，陳禹謨至欲使九邊將士
人人皆讀《左傳》。凡斯之類，並闢其異說，黜彼空言，庶讀者知致遠
經方，務求為有用之學。」（《四庫全書總目》凡例，前揭書，上冊頁
33），另如〈槐西雜志〉稱「故余於漢儒之學，最不信春秋繁露、洪範
五行傳論」，前揭書，卷一，頁251。

104　《永嘉八面鋒》提要，《四庫全書總目》，前揭書，下冊卷135，頁1781。
陳亮上孝宗疏所言是「今世之儒士，自謂得正心誠意之學者，皆風痹不
知痛癢之人也。舉一世安於君父之仇，而方低頭拱手以談性命，不知何
者謂之性命乎。」（《龍川文集》提要引陳亮言，前揭書，下冊卷162，
頁2157。）

105　《宋令懿範》提要，前揭書，上冊卷61，頁858。

者有體有用，不過如此，初不必說太極、衍先天，而
後謂之能聞聖道，亦不必講封建、議井田，而後謂之
不愧王佐也。觀仲淹之人與仲淹之文，可以知空言、
實效之分矣。[106]

　　《閱微草堂筆記》中黃山二鬼的質疑，其實也是紀昀對
理學家薄視事功的質疑，尤其是身處乾隆盛世的紀昀，應該
是深刻地體驗到治理一個龐大的帝國，這樣一件包羅萬象巨
大的工程，需要許多非道德性的知識和技術，也就是「體國
經野之政、捍災禦變之方」的「治法」、「政典」，光靠誠
正修齊這一內聖經世連鎖推理法的道德訴求，恐怕會如費正
清所說的「在希臘學者的眼裡，不過是一連串的如意算盤而
已」[107]，這也是紀昀為何會重視事功，而對理學家熱衷於性
理空談頗有微辭[108]的原因所在：

　　《西銘》論萬物一體，理原如是。然豈徒心知此理，
　　即道濟天下乎？父母之於子，可云愛之深矣，子有疾
　　病，何以不能療？子有患難，何以不能救？無術焉而
　　已。此猶非一身也。人之一身，慮無不深自愛者，己
　　之疾病，何以不能療？己之患難，何以不能救？亦無
　　術焉而已。今不講體國經野之政、捍災禦變之方，而
　　曰吾仁愛之心同於天地之生物，果此心一舉，萬物即

106　《文正集》提要，前揭書，下冊卷 152，頁 2041。
107　《美國與中國》，費正清，（台北：商務印書館，1987），頁 58。
108　早在紀昀 25 歲（1748）尚未登第時，便有〈瓦橋關〉憑臨弔古之詩，
　　「積水通瀛海，雄關記瓦橋。當年爭洛閩，此外付金遼。世暗邊功賤，
　　儒多戰氣銷。北盟誰載筆，猶忍話三朝」表達出對理學家議論多而事功
　　少的不滿。（《紀曉嵐文集》第一冊，前揭書，頁 492）

可以生乎？吾不知之矣。至《大學》條目，自格致以
至治平，節節相因，而節節各有其功力。譬如土生苗，
苗成禾，禾成穀，穀成米，米成飯，本節節相因。然
土不耕則不生苗，苗不灌則不得禾，禾不刈則不得
穀，穀不舂則不得米，米不炊則不得飯，亦節節各有
其功力。西山作《大學衍義》，列目至齊家而止，謂
治國平天下可舉而措之。不知虞舜之時，果瞽瞍允
若，而洪水即平、三苗即格乎？抑猶有治法在乎？又
不知周文之世，果太姒徽音而江漢即化、崇侯即服
乎？抑別有政典存乎？今一切棄置，而歸本於齊家，
毋亦如土可生苗，即炊土為飯乎？[109]

當然紀昀也才會不滿於漢學家泥古、瑣碎之弊，故而寫
出泥古的劉羽沖，和譏諷漢學「儒者日談考證，講曰若稽古，
動至十四萬言，安知冥冥之中，無在旁挪揄者乎？」的記述。

雖然紀昀治學重視著通經致用，但遺憾的是，仕宦一生
可謂榮崇達於極至[110]的紀昀，位高官顯卻少顯赫的政績，以
致自己也不免發出「余今老矣，叨列六卿，久無建白，平生
恒內愧」的長嘆。但細究其宦途之中，仍多致意於國計民生
之舉，如甫成進士之時即留意於律法、吏治[111]，在謫居烏魯

---

109 〈姑妄聽之〉，前揭書，卷三，頁453-455。

110 紀昀除了在乾隆三十三年（1768）到乾隆三十五年（1770）被謫戍烏魯
　　木齊外，從乾隆四十四年（1779）出翰林入中樞，直到嘉慶十年（1804）
　　病卒，紀昀曾三遷御史，三入禮部，兩次執掌兵符，最後以禮部尚書、
　　協辦大學士加太子少保加國子監事，並賜紫禁城騎馬，襄贊政事達二十
　　餘年。

111 乾隆十九年有〈擬修定科律詔〉「滌濫除煩，法歸簡約。使民不易犯，
　　吏不為奸」留心於律令、〈擬請重親民之官疏〉「且夫吏治易弛而難張，

木齊時，爲終身戍役之單丁請命，消彌禍患於未然[112]，當仕途漸居高位說話有份量時，自乾隆四十九年至嘉慶七年，共計有十六本替各地因蠲緩積欠稅賦的謝恩摺子[113]，可以看到紀昀爲民請命的一面。紀昀最爲人稱著的政績是「壬子（乾隆五十七年），以畿輔水災奏請截留宦糧萬石，設十廠賑饑。得旨，六月開廠，自夏季至明年四月，全活無算」[114]。而紀昀之所以會少有建樹，主要關鍵在於乾隆、嘉慶兩位皇帝對紀昀的看法，「學問素優」[115]、「文學尙優」[116]、「其派出

官方易淆而難澄。一不經心，其弊百出。方今清公守法，約己愛人者，守令之中，豈曰無人；然南山之竹，不揉自直，器車之材，不規自圓，此千百之一二耳。其橫者毛鷙搏噬，其貪者溪壑不盈，其譎者巧詐售欺，其懦者昏憒敗事，而貴族權門依勢作威者又錯出于其中，一二良吏，恐不能補千百人之患也。況此一二人者，無所激勸，亦將隨而波靡哉。良由視之太輕，核之不力，而蠹政害民，勢遂至此也。」關注於吏治。（《紀曉嵐文集》第一冊，前揭書，頁127。）
112 汪德鉞（1748-1808）稱「舊例，挈妻子謫遣於烏魯木齊者，五年後釋爲民；單丁則終身戍役。乾隆庚寅（三十五年）夏，積多至六千人，頗相扇動。吾師具奏稿，請將軍巴彥弼上之，六千人同日脫籍。著爲令，與挈眷者同限」，〈紀曉嵐師八十序〉，《四一居士文抄》，《稀見清人別集叢刊》第 12 冊，（廣西師範大學出版社，2007），卷四，頁 332-333。
113 《紀曉嵐文集》第一冊，前揭書，頁 95-107。
114 錢儀吉纂：《碑傳集》，（北京：中華書局，1993），卷三十八，頁1090，引朱珪〈協辦大學士禮部尙書文達紀公昀墓誌銘〉。清史稿本傳稱「故事，五城設飯廠，自十月至三月。昀疏請自六月中旬始，廠日煮米三石，十月加煮米二石，仍以三月止，從之」（清史稿卷 267，列傳107），「賑期向無在夏月者，此特恩也。後復增五廠，至癸丑四月始停止，所全活者無數」（汪德鉞，〈紀曉嵐師八十序〉，《四一居士文抄》，《稀見清人別集叢刊》第 12 冊，（廣西師範大學出版社，2007）），卷四，頁 332-333。此事被稱爲「特恩」是因爲有異於舊例，賑期加長、賑饑粥廠加多、加煮賑米，所以受惠災民也更多，應該是乾隆對紀昀的恩准。
115 乾隆三十三年（1768），紀昀授貴州都勻府知府，乾隆立即下諭以四品銜，仍留庶子任。理由就如嘉慶〈御賜碑文〉中所說的「遂荷先帝特達

之紀昀，本係無用之腐儒，原不足具數，況伊於刑名事件素非諳悉」[117]是乾隆對紀昀的看法，「紀昀讀書多不明理」[118]，則是嘉慶對紀昀的評語。從這些評語中可以確信紀昀的文學、學問是被乾、嘉二帝所肯定，但或許正因爲紀昀在文學、學問方面傑出的表現，使得乾、嘉二帝不以幹吏視之，而讓他失去了「通經致用」在政事上表現的機會，徒生「叨列六卿，久無建白」之慨。

四、從對漢、宋儒學譏諷批判看紀昀的治學趨向

紀昀在《閱微草堂筆記》中對儒者形象的刻畫，其實也

之知，獨蒙學問素優之譽。一麾出守，劇任恐掩佳才，四品加銜，殊恩特邀破格」（《紀曉嵐文集》第三冊，前揭書，頁723），在此可以看出乾隆對紀昀學問的賞識。

116 紀昀曾向乾隆提出軍國大政的建言時，遭乾隆斥曰「朕以汝文學尙優，故使領四庫書，實不過以倡優蓄之，汝何敢妄談國事！」（天嘏，《清代外史》，收入《滿清稗史》上冊，（北京：中國書店，1987），頁20。）

117 乾隆五十年（1785）紀昀時任左都御史，因覆檢海升毆死其妻吳雅氏一案遭致乾隆呵斥「其派出之紀昀，本係無用之腐儒，原不足具數，況伊於刑名事件素非諳悉，且目系短視，於檢驗時未能詳悉閱看，即以刑部堂官所言隨同附和，其咎尙有可原，著交部嚴加議處」（《東華續錄》乾隆朝，王先謙編，《續修四庫全書》第373冊，（上海古籍出版社，1995），卷101，頁772），此案因當事兩造具爲權貴之姻，引起風波甚大，罰俸、革職者不少，乾隆於此雖明爲呵斥，但仍有「其咎尙有可原」維護之意，但也可知紀昀「於刑名事件素非諳悉」。

118 王先謙編：《東華續錄》嘉慶朝，十月己卯上諭（《續修四庫全書》第374冊，（上海古籍出版社，1995），卷一，頁384）。嘉慶元年大學士出缺，嘉慶帝就想擢升劉墉、紀曉嵐二人爲大學士，但與太上皇乾隆一商量，太上皇卻不應允，可能是因爲二人在內禪大禮時，貿然苦諫乾隆把傳國玉璽傳給嘉慶，因此得罪太上皇。嘉慶帝當時未能掌權，只好按父皇的意願行事，因此才在上諭中這樣曉諭。

正是他治學趨向的反映。寫出講學家空談高論的形象，正反映出紀昀崇漢學考據方法的實；而黜宋學空談先天、心性之虛的治學趨向。寫出食古不化、迂腐學究的形象，正反映紀昀出對儒者陷入訓詁泥淖的譏諷，表達出紀昀「通經致用」的主張，也正是經世思潮下，他趨向漢學，但不以漢學為藩籬的治學方法。由於紀昀在《閱微草堂筆記》中對理學末流之弊，種種的諷刺、挪揄深入人心，因此有人視其為漢學陣營「乾、嘉時代反程、朱的第一員猛將」[119]這樣功魁般的評價，也有人認為「近世氣節壞、學術蕪，大抵紀昀之罪也」[120]、「數百年風氣之衰，紀氏之過也」[121]這樣罪首般的評語，這都是都是因為書中的儒者形象刻畫成功所致，以致紀昀「揚漢抑宋」的印象深入人心。但實際上從《閱微草堂筆記》中對儒者形象的刻畫看來，不論是對理學淪為講章時文的不滿，因此加以挪揄；或是對儒者陷入訓詁泥淖的譏諷，這些食古不化，成為迂腐的學究，紀昀不論其為漢學、宋學，一律藉著鬼狐之口痛加抨擊和諷刺，可惜這樣的描寫卻為人所忽略，以致連帶著對紀昀的治學趨向也產生誤解。除《閱微草堂筆記》外，紀昀的許多言論也如同《閱微草堂筆記》中儒者形象的刻劃一樣，對漢宋學多持平之論，如他在〈周易

---

119 如余英時即稱紀昀為「乾、嘉時代反程、朱的第一員猛將」，《論戴震與章學誠》，華世書局，1980，頁106。

120 《新學偽經考》三上，康有為，《續修四庫全書》179冊，上海古籍出版社，1995，頁497-498。

121 周積明：《紀昀評傳》引平等閣主人（狄葆賢）加批《閱微草堂筆記》評語，（南京：南京大學出版社，1997），頁168。狄氏所批有正書局於1922出版，筆者惜未見。

義象合纂序〉中稱「古今說五經者，惟《易》最夥，亦惟《易》
最多歧論甘者忌辛，是丹者非素，斷斷相爭，各立門戶，垂
五六百年於茲」，對這種門戶之爭，紀昀以"水"做了一個
生動的比喻：

> 余嘗與戴東原、周書昌言：「譬一水也，農家以為宜
> 灌溉，舟子以為宜往來，形家以為宜砂穴，兵家以為
> 宜扼拒，遊覽者以為宜眺賞，品泉者以為宜茶莢，洴
> 澼絖者以為利浣濯：各得所求，各適其用，而水則一
> 也。譬一都會也，可自南門入，可自北門入，可自東
> 門入，可自西門入，各從其所近之途，各以為便，而
> 都會則一也。《易》之理何獨不然。東坡《廬山》詩
> 曰：『橫看成嶺側成峰，遠近高低各不同。不識廬山
> 真面目，只緣身在此山中。』通此意以解《易》，則
> 《易》無門戶矣。紛紛互詰，非仁智自生妄見乎。」[122]

《易》學主象，主理、主事三派的紛爭，在紀昀看來實
在是「仁智自生妄見」，因此他欣賞的是李東圃於「漢學、
宋學兩無所偏好，亦無所偏惡」這種持平之論，甚至發出「余
向纂《四庫全書》，作經部詩類小序曰：『攻漢學者，意不
盡在于經義，務勝漢儒而已；伸漢學者，意亦不盡在於經義，
憤宋儒之詆漢儒而已。出爾反爾，勢于何極。』安得如君者
數十輩與校定四庫之籍也」的感慨，由此也可以看出紀昀致
力於平息漢宋學門戶之爭，力求公允之論的用心。相同的意
見又見於〈黎君易注序〉：

---

122 紀昀，〈周易義象合纂序〉，《紀曉嵐文集》第一冊，前揭書，頁153-154。

漢《易》言數象，不能離存亡進退，非理而何；宋《易》
言理，不能離乘承比應，非象數而何。而顧曰：言理
則棄象數，言象數即棄理，豈通論哉！余校定秘書二
十餘年，所見經解，惟《易》最多，亦惟《易》最濫，
大抵漢《易》一派，其善者必由象數以求理；或捨理
者，必流為雜學。宋《易》一派，其善者必由理以知
象數，或捨象數者，必流為異學。其弊一由爭門戶，
一由騖新奇，一由一知半解，沾沾自喜，而不知《易》
道之廣大，紛紜轕輵，遂曼衍而日增，殊不知《易》
之作也，本推天道以明人事，故六十四卦之大象，皆
有君子以字，而三百八十四爻，亦皆吉凶悔吝為言，
是為百姓日用作，非為一二上智密傳微妙也；是為明
是非決疑惑作，非為讖緯機祥預使前知也。故其書至
繁至賾，至精至深，而一一皆切於事。既切於事，即
一一皆可推以理。理之自然者明，則數之必然、象之
當然，劃然解矣。又何必曰此彼法、此我法、此古義、
此新義哉！[123]

在紀昀看來，漢宋《易》學象、數、理三派之爭的由來
「一由爭門戶，一由騖新奇，一由一知半解」，但「漢《易》
言數象，不能離存亡進退，非理而何；宋《易》言理，不能
離乘承比應，非象數而何」，因此「言理則棄象數，言象數
即棄理，豈通論哉！」，又何必堅持「此彼法、此我法、此
古義、此新義」的門戶之見呢！在此不難看出紀昀辨二學之

---

123 〈黎君易注序〉，前揭書，頁155。

長短，並未袒護任何一方，主張的是消融門戶之見，以學術之是非為準，持論務得其平。故而徐世昌（1854-1939）在《清儒學案》中評論紀昀為「持論屏除門戶，一洗糾紛」[124]，阮元（1764-1849）也說紀昀「考古必衷諸是，持論務得其平……蓋公之學在於辨漢宋儒術之是非，析詩文流派之正偽」[125]。可惜的是，人們對此卻多忽視之。推究紀昀這些學術見解，未能引起眾人注意之因有二：其一是對漢宋學之弊，描寫的比例失衡。寫宋學之弊的篇數甚多，而寫漢學之弊的篇數則太少；寫假道學的篇章多[126]，寫真君子的篇章少[127]，於是讓人產生「揚漢抑宋」的錯覺。其二是紀昀未有學術專論以闡述其理念，著述又未刻意保留，散佚甚多[128]，其孫樹馨搜輯而

124　徐世昌：〈獻縣學案〉，《清儒學案》第 4 冊，（台北：世界書局，1962），卷 80，頁 1。

125　《紀曉嵐遺集》序，阮元，《紀曉嵐文集》第三冊，河北：河北教育出版社，1991，頁 727。

126　如〈如是我聞〉卷四，前揭書，頁 219 記載的老儒、〈如是我聞〉卷四，頁 221-222 所載的老儒、〈灤陽消夏錄〉卷四，頁 81 所載的耆儒、〈灤陽消夏錄〉卷一，頁 11 所載的訓導、〈姑妄聽之〉卷二，頁 421 所載的講學者、〈灤陽消夏錄〉卷三，頁 41-42 所載的老儒、〈灤陽消夏錄〉卷四，頁 81 所載的兩塾師。

127　如注 13.14 提到的周姓老儒和魏環極。

128　紀昀不願從事學術著作的心態應是「自校理秘書，縱觀古今著作，知作者固已大備，後之人竭盡其心思才力，不出古人之範圍」（陳鶴，《紀文達公遺集》序，《紀曉嵐文集》第三冊，前揭書，頁 729）和「說者謂公才學絕倫，而著書無多，蓋其生平精力，已畢萃於此書（《四庫全書總目》）矣」（《紀曉嵐文集》第三冊，前揭書，頁 513 附錄引陸敬安《冷廬雜識》卷 1 言）；而文稿又不甚保留「生平未嘗著書，間為人做序記碑表之屬，亦隨即棄擲，未嘗存稿」（陳鶴，《紀文達公遺集》序，《紀曉嵐文集》第三冊，前揭書，頁 729）、「即曉嵐同唱酬者數十年，而其詩不肯自錄成帙，今所刻者，其孫所補輯耳」（翁方綱，〈坳堂集序〉，《復初齋文集》卷 4，頁 22）。

成的《紀文達公遺集》，又以晚年之作爲多，且偏重於應酬
皇帝詩文，讓我們無法一探紀昀學術理念的全貌[129]。關於第
一點，或許因爲當時正是漢學昌盛時期，漢學的流弊尚未顯
露，紀昀雖然已看出些端倪，但畢竟和盛行數百年的理學所
產生的弊端要少些，尤其是社會上假道學遠遠地比真君子要
來得多，例子俯拾皆是，自然在篇章數量上會有懸殊的差距。
關於第二點，只能有賴日後更加辛勤地整理文獻資料，以期
有更多的資料來加以佐證。

　　瞭解了紀昀治學的趨向，才能明白紀昀爲何選擇以小說
創作來達到其淑世理想的原因，正由於當時的漢、宋儒學在
淑世上有其侷限性，無論是理學陷入空談與假道學的弊病，
或是漢學陷入泥古、瑣碎之弊，都無法收通經致用之效，所
以這兩者都未能達到紀昀淑世的理想。是以，紀昀選擇了以
小說來對於他所贊同或反對的意見，藉著鬼狐或是他人之口
或抨擊或諷刺或讚揚或勸懲，甚至於紀昀連學術見解，也有

---

129 孫致中等校點《紀曉嵐文集》前言「收在《遺集》中的詩文，大約十不
　　足一，這由他同時代人的記述，尤其是朋友和門人的回憶中可以得到證
　　實。《遺集》所收，晚年之作居多，而壯年尤其是青年時代的作品卻甚
　　少。這固然是因爲後人搜集先人的作品，晚年之作易見而青壯年之作難
　　得，也可能因爲紀樹馨以爲那些應酬上層人物尤其是應酬皇帝的詩文，
　　乃是自家先人的最高榮寵，故《遺集》收之甚多，而那些戀人思友、抒
　　情喻志、贊花月之美好、抒胸中之忿懣的真情之作，尤其是描寫世態、
　　諷刺社會醜惡的篇章，則收之甚少。譬如，不少的同代人都說他曾作《京
　　官詩》數十首，而只存一首諷刺詩《小軍機》賴清人筆記以存，《遺集》
　　則不一見。由於紀樹馨的去取標準所致，給讀《遺集》的讀者一個印象，
　　似乎紀曉嵐只會寫那些拍皇帝老子馬屁的詩文。公允地說，據此描繪紀
　　曉嵐的形象，是不完整、不全面的。」（《紀曉嵐文集》第一冊，前揭
　　書，頁2）

以這種寓言式「托狐鬼以抒己見」[130]的方式來表達。所以紀昀的《閱微草堂筆記》已不僅僅於講述奇聞異事而已，其中還有作者藉著談異述奇，特別是講述狐鬼故事來諷刺世相、針砭世風、抒發人生感慨與哲理、為人處世的哲學等種種意圖，乃至表述自己的學術觀點、思想觀點也屢見其中。所以魯迅才會稱紀昀為「世故老人」[131]，紀昀的淑世理念，也正是藉由勸懲《閱微草堂筆記》中種種的鬼狐、精怪、人物的故事來宣揚。

---

130 魯迅在《中國小說史略》中稱讚紀昀的《閱微草堂筆記》說：「惟紀昀本長文筆，多見秘書，又襟懷夷曠，故凡測鬼神之情狀，發人間之幽微，托狐鬼以抒己見者，雋思妙語，時足解頤，間雜考辨，亦有灼見。敘述復雍容淡雅，天趣盎然，故後來無人能奪其席，固非僅借位高望重以傳者矣」（台北：風雲時代出版公司，1996，頁 263。）

131 魯迅稱紀昀為「前清的世故老人」，〈集外集拾遺補編·新的世故〉，《魯迅全集》第 8 卷，北京：人民文學出版社，2005，頁 182。

托鬼狐以抒淑世理念

一、發明神道之不誣 ─ 紀昀主張神道設教的宗教觀

　　紀昀寫《閱微草堂筆記》雖然多的是稱道靈異、張揚鬼神的故事，看似和他重視實證的主張相矛盾，但他並非是純粹地迷信，他也會質疑鬼神的情狀，如「鬼神茫昧，究不知其如何也」[1]，因此有人認為他是「抱著矛盾和存疑的態度」[2]，但筆者以為他毋寧是一種敬鬼神而遠之的表現，是講求「不知生，焉知死；不能事人，焉能事鬼」，注重人事而不要沉湎於鬼神之說，才會有這種「說鬼者多誕，然亦有理似可信者」[3]，只要有道理就相信，否則即為荒誕，這樣理性主義的表現[4]。雖然是若即若離的表現，但是由於自身與親友的經驗，使他還是肯定鬼神的存在。正因為他以理性去思辨鬼神的問題，所以在《閱微草堂筆記》中紀昀才會對黃冠緇徒二

1　〈灤陽消夏錄〉卷五，前揭書，頁98。
2　賴芳伶：〈閱微草堂筆記中的觀念世界〉，《文學評論》第三集，1976年，頁198。
3　〈槐西雜志〉卷一，前揭書，頁256。
4　侯建先生認為「紀昀的主題，恰也是一個理字，但是一個深具彈性的理，而無絕對與武斷的氣息」，侯健：〈閱微草堂筆記的理性主義〉，中外文學，8卷1期，頁30-48。

氏的形象刻劃，一如對儒者的形象刻劃一樣，有正面的讚揚[5]，也有負面的描寫[6]。今從經驗法則下的鬼神觀、儒釋道互補的主張、重視先王神道設教之用心、對朱子鬼神觀的回應與釐清諸項目來探討紀昀之宗教觀。

（一）經驗法則下的鬼神觀

　　紀昀主張鬼神的存在，除了紀昀的庭訓[7]和聽聞[8]外，還是

5　如在〈灤陽續錄〉卷二所載潛心修行解人危難的道士某，前揭書，頁 510、〈灤陽續錄〉卷四所載老尼慧師父和住持果成之第三弟子（三師父），前揭書，頁 552-553，都是戒律精苦令人欽敬的釋道二氏之徒。

6　如在〈姑妄聽之〉卷一所載以符咒害人的妖尼，前揭書，頁 393、〈灤陽續錄〉卷二所載以詐術騙人的道士某，前揭書，頁 510、〈灤陽消夏錄〉卷三以蠱惑騙取香火的景城僧，前揭書，頁 45，都是妖妄熒惑的釋道二氏之徒。

7　如〈如是我聞〉卷三：先姚安公……因誨昀曰：「儒者論無鬼，迂論也，亦強詞也」（前揭書，卷三，頁 191。）

8　如〈如是我聞〉：顧非熊再生事，見段成式《酉陽雜俎》，又見孫光憲《北夢瑣言》。其父顧況集中，亦載是詩，當非誣造。近沈雲椒少宰撰其母《陸太夫人志》，稱太夫人于歸，甫匝歲，贈公即卒。遺腹生子，恒週三歲亦殤。太夫人哭之慟曰：「吾之爲未亡人也，以有汝在，今已矣！吾不忍吾家之宗祀自此而絕也。」於其斂，以朱志其臂，祝曰：「天不絕吾家，若再生以此爲驗。」時雍正己酉十二月也。是月，族人有比鄰而居者，生一子，臂朱灼然。太夫人遂撫之，以爲後即少宰也。余官禮部尙書時，與少宰同事，少宰爲余口述尤詳。蓋釋氏書中，誕妄者原有，其徒張皇罪福，誘人施捨，詐僞者尤多。惟輪迴之說，則鑿然有證。司命者每因一人一事，偶示端倪，彰人道之教。少宰此事，即借轉生之驗，以昭苦節之感者也。儒者甚言無鬼，又烏乎知之？（前揭書，卷三，頁 186-187。）、〈灤陽續錄〉：輪迴之說，鑿然有之。恆蘭臺之叔父，生數歲，即自言前身爲城西萬壽寺僧。從未一至其地，取筆粗畫其殿廊門徑，莊嚴陳設，花樹行列。往驗之，一一相合。然平生不肯至此寺，不知何意。此真輪迴也。朱子所謂輪迴雖有，乃是生氣未盡，偶然與生氣湊合者，亦實有之。余崔莊佃戶商龍之子，甫死，即生於鄰家。未彌月，能言。元旦父母偶出，獨此兒在襁褓。有同村人叩門云：「賀新歲。」兒識其語音，遽應曰：「是某丈耶？

有他自己親身見聞的實證經驗。他有親見回煞之事：「余嘗
於隔院窗樓中，遙見其去，如白煙一道，出於竈突之中，冉
冉向西南而歿，與所推時刻方向，無一差也。又嘗兩次手自
啓鑰，諦視布灰之處，手跡足跡，宛然與生時無二，所親皆
能辨識之，是何說歟？」[9]、「然回煞形跡，余實屢目睹之」
[10]、「余乞假養痾北倉……忽見絑衣女子揭簾入，甫露面，
即退出。疑為趁座妓女，呼僕隸遣去，皆云外戶已閉，無一
人也。主人曰：『四日前有宦家子婦宿此卒，昨移柩去，豈
其回煞耶？』」[11]；親見婢女得罪灶神遭懲之事：「余小時
見外祖雪峰張公家，一司爨姬好以穢物掃入灶，夜夢烏衣人
呵之，且批其頰，覺而頰腫成癰，數日巨如杯，膿液內潰，
從口吐出，稍一呼吸輒入喉，嘔噦欲死，立誓虔禱乃愈。是

父母俱出，房門未鎖，請入室小憩可也。」聞者駭笑。然不久夭逝。朱
子所云，殆指此類矣。（前揭書，卷三，頁 524。）、〈灤陽消夏錄〉：
謂鬼無輪迴，則自古及今，鬼日日增，將大地不能容；謂鬼有輪迴，則
此死彼生，旋即易形而去；又當世間無一鬼，販夫田婦，往往轉生，似
無不輪迴者。荒阡廢塚，往往見鬼，又似有不輪迴者。表兄安天石，嘗
臥疾，魂至冥府，以此問司籍之吏。吏曰：「有輪迴，有不輪迴。輪迴
者三途：有福受報，有罪受報，有恩有怨者受報；不輪迴者亦三途：聖
賢仙佛不入輪迴，無間地獄不得輪迴，無罪無福之人，聽其遊行於虛墓，
餘氣未盡則存，餘氣漸消則滅。如露珠水泡，倏有倏無；如閒花野草，
自榮自落，如是者無可輪迴。或有無依魂魄，附人感孕，謂之偷生。高
行緇黃，轉世借形，謂之奪舍。是皆偶然變現，不在輪迴常理之中。至
於神靈下降，輔佐明時；魔怪群生，縱橫殺劫。是又氣數所成，不以輪
迴論矣。」天石固不信輪迴者，病痊以後，嘗舉以告人曰：「據其所言，
乃鑿然成理。」（前揭書，卷五，頁 91。）
9　〈灤陽消夏錄〉卷四，前揭書，頁 79。
10　〈灤陽消夏錄〉卷五，前揭書，頁 98。
11　〈槐西雜志〉卷五，前揭書，卷四，頁 358。

又何說歟？」[12]；親人臨終前異事：長兒汝佶病革時，其女為焚一紙馬，汝佶絕而復蘇曰：「吾魂出門，茫茫然不知所向，遇老僕王連生牽一馬來，送我歸，恨其足跛，頗顛簸不適。」焚馬之奴泫然曰：「是奴罪也，舉火時上實誤折其足。」又六從舅母常氏彌留時，喃喃自語曰：「適往看新宅頗佳，但東壁損壞，可奈何！」侍疾者往視其棺，果左側朽穿一小孔，匠與督工者尚均未覺也[13]、庚午四月，先太夫人病革時，語子孫曰：「舊聞地下眷屬，臨終時一一相見，今日果然。幸我平生尚無愧色，汝等在世，家庭骨肉，當處處留將來相見地也。」[14]、侍姬沈氏……方病劇時，余以侍值圓明園，宿海淀槐西老屋。一夕恍惚兩夢之，以為結念所致耳，既而知是夕暈絕，移二時乃蘇，語其母曰：「適夢至海淀寓所，有大聲如雷霆，因而驚醒。」余憶是夕果壁上掛瓶，繩斷墮地，姑悟其生魂果至矣。[15]；親聞鬼哭事：余在烏魯木齊，軍吏具文牒數十紙，捧墨筆請判曰：「凡客死於此者，其棺歸籍，例給牒。否則魂不得入關。」以行於冥司，故不用朱判，其印亦以墨。視其文鄙誕殊甚。余曰：「此胥役托詞取錢耳，啟將軍除其例。」旬日後，或告城西墟墓中鬼哭，無牒不能歸故也，余斥其妄；又旬日，或告鬼哭又近城，斥之如故；越旬日，余所居牆外，需瀫瀫有聲（《說文》曰：瀫，鬼聲），余尚以為胥役所偽；越數日，聲至窗外，時月明如

12　〈槐西雜志〉卷三，前揭書，頁 309。
13　〈灤陽消夏錄〉卷五，前揭書，頁 94。
14　〈如是我聞〉卷一，前揭書，頁 145。
15　〈槐西雜志〉卷二，前揭書，頁 278-279。

畫，自起尋視，實無一人。同事觀御史成曰：「……盍試一紿之，姑間執讒慝之口。倘鬼哭如故，則公亦有詞矣。」勉從其議。是夜寂然。又軍吏宋吉祿在印房，忽眩仆，久而蘇，云見其母至。俄臺軍以官牒呈，啓視則哈密報吉祿之母來視子，卒於途也。[16]這些例子都是紀昀以其親身經歷或親友見聞，因而相信鬼神存在的。

　　紀昀既然重視實證，對小說創作的要求亦復如是，他在《閱微草堂筆記》最後一則故事之末，對所其記錄之事，自述其期許求真的態度：「嗟乎！所見異詞，所聞異詞，所傳聞異詞，魯史且然，況稗官小說……惟不失忠厚之意，稍存勸懲之旨，不顛倒是非如《碧雲騢》，不懷挾恩怨如《周秦行記》，不描摹才子佳人如《會真記》，畫繪回橫陳如《秘辛》，冀不見擯於君子云爾」[17]。在《閱微草堂筆記》全書1172則故事中，幾乎每則開篇都會安排故事的講述者為誰，或標明故事的來源出處為何自，目的只是為了證實信息來源確鑿，讓讀者確信所言皆非虛妄，甚至許多故事中，紀昀親自或其至親好友，充當故事的主角或講述者，行文多採用冷靜的純客觀的敘事方式，力求紀實可信。紀昀正是通過這種敘述方式來排斥虛構，以求得到讀者的信服。這正是何以其

16　〈灤陽消夏錄〉卷一，前揭書，頁17-18。另〈如是我聞〉卷三有親見鬼魅人腹中語之事：「鬼魅在人腹中語，余所見聞凡三事。一為雲南李編修衣山，因扶乩與狐女唱和，狐女姊妹數輩，並入居其腹中，時時與語。正一真人劾治弗能遣，竟顛癇終身。余在翰林目見之。」，前揭書，頁209。
17　〈灤陽續錄〉卷六，前揭書，頁583。

小說觀不同於蒲松齡之處[18]。他有時甚至對所記錄的故事直言其為寓言,讓講述者尷尬不已[19],但是紀昀對於認為是虛構的故事卻偏偏要記錄,是因為認同故事的寓意,欲藉此借題發揮一番[20],足見紀昀認為小說雖有其虛構性,但仍應講求故事的合理性,不能讓紀錄成為荒誕的妄語。因為一旦被視為妄語,他欲藉小說達到勸懲的目的,效果就會大打折扣,因此他才會如此評論門生之作:

> 門人吳鍾僑,嘗作《如願小傳》,寓言滑稽,以文為戲也……此鍾僑弄筆狡獪之文,偶一為之,以資懲勸,亦無所不可;如累牘連篇,動成卷帙,則非著書

18 紀昀門人盛時彥為《閱微草堂筆記》所做的跋文中引述紀氏之言,可看出紀昀對小說要求的真實性,和不滿《聊齋志異》創作的虛構性「先生嘗曰:《聊齋志異》盛極一時,然才子之筆,非著書者之筆也。虞初以下,干寶以上,古書多佚矣。其可見完帙者,劉敬叔《異苑》,陶潛《續搜神記》,小說類也。《飛燕外傳》、《會真記》,傳記類也。《太平廣記》事以類聚,故可並收。今一書而兼二體,所未解也。小說既述見聞,即屬敘事,不比劇場關目,隨意裝點。伶玄之傳,得諸樊嬺,故猥瑣具詳;元稹之記,出於自述,故約略梗概。楊升庵偽撰《秘辛》,尚知此意,升庵多見古書故也。今燕昵之詞,媟狎之態,細微曲折,摹繪如生,使出自言,似無此理;使出作者代言,則何從而聞見之?又所未解也。留仙之才,余誠莫逮其萬一,唯此二事,則夏蟲不免疑冰。」(前揭書第二冊,頁492)。

19 紀昀常於故事末了直稱「此公自作寓言」、「余謂此玉典寓言也」、「此殆白岩之寓言」……,有時逼講述故事的人難以下台,只好言道「先生掀髯曰:『鉏麑槐下之詞、渾良夫夢中之操,誰聞之歟?子乃獨詰老夫也』」(〈槐西雜志〉卷一,前揭書,頁261)、「書昌微慍曰:『永年百無一長,然一生不能作妄語。先生不信,亦不敢固爭。』」(〈槐西雜志〉卷四,前揭書,頁345)。

20 如「雖語頗荒誕,似出寓言。然神道設教,使人知畏,亦警世之苦心,未可繩以妄語戒也」(〈灤陽消夏錄〉卷六,前揭書,頁108-109)、「此當是其寓言,未必真有。然莊生列子,半屬寓言,義足勸懲,固不必刻舟求劍爾」(〈姑妄聽之〉卷四,前揭書,頁466)。

之體矣。[21]

　　紀昀當然也會透過故事來說明鬼神存在的事理，對他認為理學家的誤謬加以辯駁。下面這則例子，是透過秦生問鬼神情狀，對理學家所言的辯駁。「敢問為鬼時何似？」、「果魂升魄降，還入太虛乎？」、「果有神乎？」、「先儒稱雷神之類，皆旋生旋化，果不誣乎？」透過一句句的發問，鬼魂也一一加以說明，末了還指出無鬼論是「諸大儒恐人諂瀆，故強造斯言」，秦生「不察先儒矯枉之意，生於相激，非其本心。後儒闢邪之說，壓於所畏，亦非其本心。竟信儒者，真謂無鬼神，皇皇質問，則君之受紿久矣」、「傳其教者，雖心知不然，然不持是論，即不得稱為精義之學，亦違心而和之」把理學家主張無鬼神問題的癥結點出，其實可視為紀昀「托狐鬼以抒己見」的例子：

> 吳雲巖言有秦生者……隔葉窺之，一古衣冠人倚石坐，確知為鬼。逕前掩至，鬼亦不避。秦生長揖曰：「與君路異幽明，人殊今古，邂逅相遇，無可寒溫。所以來者，欲一問鬼神情狀耳，敢問為鬼時何似？」曰：「一脫形骸，即以為鬼，如繭成蝶，亦不自知。」問：「果魂升魄降，還入太虛乎？」曰：「自我為鬼，即在此間，今我全身現與君對，未嘗隨絪縕元氣，升降飛揚，子孫祭時始一聚，子孫祭畢則散也。」問：「果有神乎？」曰：「鬼既不虛，神自不妄，譬有百姓，必有官吏。」問：「先儒稱雷神之類，皆旋生旋

21　〈灤陽續錄〉卷四，前揭書，頁550-551。

化，果不誣乎？」曰：「作措大時，飽聞是說，然竊
疑霹靂擊格，轟然交作，如一雷一神，則神之數，多
於蚊蚋；如雷止神沒，則神之壽，促於蜉蝣。以質先
生，率遭呵叱。為鬼之後，乃知百神奉職，如世建官，
皆非頃刻之幻影，恨不能以所聞見，再質先生，然爾
時擁皋比者，計為鬼已久，當自知之，無庸再詰矣。
大抵無鬼之說，聖人未有，諸大儒恐人諂瀆，故強造
斯言。然禁沉湎可，併廢酒醴則不可；禁淫蕩可，併
廢夫婦則不可；禁貪惏可，併廢財貨則不可；禁爭鬥
可，併廢五兵則不可。故以一代盛名，挾千萬億朋黨
之助，能使人噤不敢語，而終不能愜服其心，職是故
耳。傳其教者，雖心知不然，然不持是論，即不得稱
為精義之學，亦違心而和之曰：『理必如是云爾。』
君不察先儒矯枉之意，生於相激，非其本心。後儒闢
邪之說，壓於所畏，亦非其本心。竟信儒者，真謂無
鬼神，皇皇質問，則君之受紿久矣。」曼聲長嘯而去。
按此謂儒者，明知有鬼，故言無鬼，與黃山二鬼謂儒
者明知井田封建不可行，故言可行，皆洞見癥結之
論，僅目以迂闊，猶墮五里霧中矣。[22]

（二）儒釋道互補的主張

　　紀昀主張儒釋道互補，認為理學家「或空談心性，與瞿
曇老聃混而為一，或排擊二氏，如禦寇仇，皆一隅之見也」[23]。

22　〈姑妄聽之〉卷四，前揭書，頁 469-470。
23　〈灤陽消夏錄〉卷四，前揭書，頁 82-83。

他一方面指出了儒、釋、道三者不同的學派特徵，另一方面又肯定了三家於懲惡揚善宗旨上是一致的：

> 儒之本旨，明體達用而已；文章記誦，非也；談天說性，亦非也。佛之本旨，無生無滅而已；佈施供養，非也；機鋒語錄，亦非也。道之本旨，清淨沖虛而已；章咒符籙，非也；鑪火服餌，亦非也。[24]

> 儒以修己為體，以治人為用；道以靜為體，以柔為用；佛以定為體，以慈為用。其宗旨各別，不能一也。至教人為善，則無異；於物有濟，亦無異。其歸宿則略同。[25]

又因為佛、道二教能以神道彌補儒學之不足，具有儒學所不及的特殊功用，所以紀昀反對「排擊二氏，如禦寇仇」，認為道、佛二家應並存不廢，但以儒家為本，神道輔之：

> 然儒為生民立命，而操其本於身；釋道皆自為之學，而以餘力及於物。故以明人道者為主，明神道者則輔之，亦不能專以釋道治天下，此其不一而一，一而不一者也。蓋儒如五穀，一日不食則饑，數日則必死。釋道如藥餌，死生得失之關，喜怒哀樂之感，用以解釋冤怨，消除拂鬱，較儒家為最捷；其禍福因果之說，用以悚動下愚，亦較儒家為易入。特中病則止，不可專服常服，致偏勝為患耳。[26]

紀昀生動地以五穀來比喻儒家、以藥餌來比喻釋道，說

24　〈姑妄聽之〉卷三，前揭書，頁437。
25　〈灤陽消夏錄〉卷四，前揭書，頁82-83。
26　〈灤陽消夏錄〉卷四，前揭書，頁82-83。

出三者主輔的關係，但紀昀並非主張三教合一，而是認為「其宗旨各別，不能一也。至教人為善，則無異；於物有濟，亦無異。其歸宿則略同。天固不能不並存也。」[27]、「佛自西域而來，其空虛清淨之義，可使馳騖者息營求，憂愁者得排遣；其因果報應之說，亦足警戒下愚，使回心向善，於世不為無補，故其說得行於中國，猶挾技之食客也。」雖然宗旨各別，但二氏能以神道彌補儒學之不足，具有儒學所不及的特殊功用，有著不可替代的教化民眾的作用，因此「各修其本業可矣」：

> 余謂各以本教而論，譬如居家，三王以來，儒道之持世久矣，雖再有聖人弗能易，猶主人也。佛自西域而來，其空虛清淨之義，可使馳騖者息營求，憂愁者得排遣；其因果報應之說，亦足警戒下愚，使回心向善，於世不為無補。故其說得行於中國，猶挾技之食客也。食客不修其本技，而欲變更主人之家政，使主人退而受教，此佛者之過也。各以末流而論，譬如種田，儒猶耕耘者也。佛家失其初旨，不以善惡為罪福，而以施捨不施捨為罪福，於是惑眾蠹財，往往而有，猶侵越疆畔，攘竊禾稼者也。儒者捨其耒耜，荒其阡陌，而皇皇持梃荷戈，日尋侵越攘竊者與之格鬥，即格鬥全勝，不知己之稼穡如何也。是又非儒者之顛耶？……各修其本業可矣。[28]

所以彼此之間的爭詬，在紀昀看來，實是多餘而無謂，

27　〈灤陽消夏錄〉卷四，前揭書，頁82。
28　〈槐西雜志〉卷四，前揭書，頁355-356。

因為都不可能取代對方，「然兩家相爭，千百年後，並存如故；兩家不爭，千百年後，亦並存如故也。」爭詬都是末流所造成的流弊：

> 夫佛自漢明帝後，蔓延已二千年，雖堯、舜、周、孔復生，亦不能驅之去。儒者父子君臣兵刑禮樂，捨之則無以治天下，雖釋迦出世，亦不能行彼法於中土。本可以無爭，徒以緇徒不勝其利心，妄冀儒絀佛伸，歸佛者檀施當益富。講學者不勝其名心，著作中苟無辟佛數條，則不足見衛道之功。故兩家語錄，如水中泡影，旋生旋滅，旋滅旋生，互相詬屬而不止。然兩家相爭，千百年後，並存如故；兩家不爭，千百年後，亦並存如故也。[29]

（三）重視先王神道設教之用心

紀昀雖然肯定鬼神的存在，但他並不是一昧地推崇釋道二氏，他也清楚二家有理學家所說的弊病「謟瀆之求福，妖妄之滋惑」[30]、「緇徒執罪福之說誘脅愚民，不以人品邪正分善惡，而以佈施有無分善惡，福田之說興，瞿曇氏之本旨

---

29 〈槐西雜志〉卷四，前揭書，頁 356。
30 〈灤陽消夏錄〉卷四，前揭書，頁 69。這和南宋理學家陳淳（1159-1223）論及佛道二氏之弊的意見相同：「原其為害有兩般，一般是說死生罪福以欺罔愚民；一般是高談性命道德以眩惑士類」（《北溪字義》卷下，北京：中華書局，1983，頁 68）。「謟瀆之求福」就是陳淳所說的「說死生罪福以欺罔愚民」，但是紀昀認為二氏有「其禍福因果之說，用以悚動下愚，亦較儒家為易入」的作用。「妖妄之滋惑」就是陳淳所說的「高談性命道德以眩惑士類」，但是紀昀認為二氏有「解釋冤愆，消除拂鬱，較儒家為最捷」的作用。

晦矣」[31]，如同馬大還提出的疑問「黃冠緇徒，恣為妖妄，不力攻之，不貽患於世道乎」，但是「此論其本原耳，若其末流，豈特釋道貽患，儒之貽患豈少哉」[32]，紀昀在〈槐西雜志〉卷四中就記載一則鬼魂後悔莫及的故事，一鬼以信儒而墮落，其師「日講學，凡鬼神報應之說，皆斥為佛氏之妄語」，心想「百年之後，氣返太虛，冥冥漠漠，並毀譽不聞，何憚而不恣吾意乎？」因此「種種惟所欲為」。另一鬼則是「以信佛誤也」，以為「雖造惡業，功德即可以消滅；雖墮地獄，經懺即可以超度」，所以「無所不為」，那知「所謂罪福，乃論作事之善惡，非論捨財之多少。金錢虛耗，舂煮難逃」。紀昀對此的評論是「夫六經具在，不謂無鬼神；三藏所談，非以斂財賂。自儒者沽名，佛者漁利，其流弊遂至此極」，對儒釋二者的流弊，可謂鞭辟入裏。尤其句末一句「佛本異教，緇徒藉是以謀生，是未足為責」，但是「儒者亦何必乃爾乎？」痛心疾首之情，溢於言表：

> 邱二田言……中一囚號哭不止，吏叱曰：「此時知懼，何如當日勿作耶？」囚泣曰：「吾為吾師所誤也。吾師日講學，凡鬼神報應之說，皆斥為佛氏之妄語。吾信其言，竊以為機械能深，彌縫能巧，則種種惟所欲為，可以終身不敗露。百年之後，氣返太虛，冥冥漠漠，並毀譽不聞，何憚而不恣吾意乎？不虞地獄非誣，冥王果有，始知為其所賣，故悔而自悲也。」一囚曰：「爾之墮落由信儒，我則以信佛誤也。佛家之

31　〈如是我聞三〉卷三，前揭書，頁 210。
32　〈灤陽消夏錄〉卷四，前揭書，頁 83。

說，謂雖造惡業，功德即可以消滅；雖墮地獄，經懺
即可以超度。吾以為生前焚香佈施，歿後延僧持誦，
皆非吾力所不能，既有佛法護持，則無所不為，亦非
地府所能治。不虞所謂罪福，乃論作事之善惡，非論
捨財之多少。金錢虛耗，舂煮難逃，向非恃佛之故，
又安敢縱恣至此耶？」……夫六經具在，不謂無鬼
神；三藏所談，非以斂財略。自儒者沽名，佛者漁利，
其流弊遂至此極。佛本異教，緇徒藉是以謀生，是未
足為責。儒者亦何必乃爾乎？[33]

　　儒釋道三家都有末流之弊，他注重的是釋道二家「解釋
冤怨，消除拂鬱，較儒家為最捷；其禍福因果之說，用以悚
動下愚，亦較儒家為易入」[34]、「帝王以刑賞勸人善，聖人
以褒貶勸人善，刑賞有所不及，褒貶有所弗恤者，則佛以因
果勸人善，其事殊，其意同也」[35]，和儒家有互補的作用。
何況他認為「然法無邪正，惟人所用，如同一戈矛，用以殺
掠則劫盜，用以征討則王師耳。術無大小，亦惟人所用，如
不龜手之藥，可以洴澼絖，亦可以大敗越師耳」，還引一道
士以攝魂之法馴服悍婦為例，讓悍婦無子嗣之夫得以娶妾，
以延續香火：

　　同年龔肖夫言有人四十餘無子，婦悍妒，萬無納妾
理，恒鬱鬱不適。偶至道觀，有道士招之曰……姑試
其所為。是夕，婦夢魘，呼不醒，且呻吟號叫聲甚慘。

33　〈槐西雜志〉卷四，前揭書，頁373。
34　〈灤陽消夏錄〉卷四，前揭書，頁82。
35　〈如是我聞三〉卷三，前揭書，頁210。

次日，兩股皆青黯。問之，秘不言，吁嗟而已。三日
後復然。自是每三日後皆復然。半月後，忽遣奴喚媒
媼，云將買妾。……觀其狀似非詭語，覓二女以應，
並留之。是夕即整飾衾枕，促其夫入房。舉家駭愕，
莫喻其意，夫亦惘惘如夢境。後復見道士，始知其有
術能攝魂，夜使觀中道眾為鬼裝，而道士星冠羽衣，
坐堂上焚符攝婦魂，言其祖宗翁姑以斬祀不孝，具牒
訴冥府，用桃杖決一百，遣歸，克期令納妾。婦初以
為噩夢，尚未肯。俄三日一攝，如徵比然。其昏瞀累
日，則倒懸其魂，灌鼻以醋，約三日不得好女子，即
付泥犁也。攝魂小術，本非正法，然法無邪正，惟人
所用，如同一戈矛，用以殺掠則劫盜，用以征討則王
師耳。術無大小，亦惟人所用，如不龜手之藥，可以
洴澼絖，亦可以大敗越師耳。道士所謂善用其術歟！
至囂頑悍婦，情理不能喻，法令不能禁，而道士能以
術制之。堯牽一羊，舜從而鞭，羊不行，一牧豎驅之
則群行。物各有所制，藥各有所畏。神道設教，以馴
天下之強梗，聖人之意深矣。講學家烏乎識之？ [36]

　　句末的「神道設教，以馴天下之強梗，聖人之意深矣。
講學家烏乎識之？」正是紀昀重視神道設教之功，不排斥釋
道的原因。如同他對宏恩寺明心和尚所說的冥府故事，雖然
認為是「雖語頗荒誕，似出寓言」，但是「然神道設教，使
人知畏；亦警世之苦心，未可繩以妄語戒也」，尤其是對官、

吏、役、官之親屬、官之僕役這幾類「造福最易，造禍亦深」
的人，如能發生警惕的效果，豈非是神道設教之功：

> 宏恩寺僧明心言：上天竺有老僧，嘗入冥。見猙獰鬼
> 卒，驅數千人在一大公廨外，皆裸衣反縛。有官南面
> 坐，吏執簿唱名，一一選擇精粗，揣量肥瘠，若屠肆
> 之鬻羊豕。意大怪之。見一吏去官稍遠，是舊檀越，
> 因合掌問訊：「是悉何人？」吏曰：「諸天魔眾，皆
> 以人為糧。如來運大神力，攝伏魔王，皈依五戒。而
> 部族繁夥，叛服不常，皆曰自無始以來，魔眾食人，
> 如人食穀。佛能斷人食穀，我即不食人。如是嘵嘵，
> 即彼魔王亦不能制。佛以孽海洪波，沉淪不返，無間
> 地獄，已不能容。乃牒下閻羅，欲移此獄囚，充彼啖
> 噬；彼腹得果，可免荼毒生靈。十王共議，以民命所
> 關，無如守令，造福最易，造禍亦深。惟是種種冤愆，
> 多非自作；冥司業鏡，罪有攸歸。其最為民害者，一
> 曰吏，一曰役，一曰官之親屬，一曰官之僕隸。是四
> 種人，無官之責，有官之權。官或自顧考成，彼則惟
> 知牟利，依草附木，怙勢作威，足使人敲髓灑膏，吞
> 聲泣血。四大洲內，惟此四種惡業至多。是以清我泥
> 犁，供其湯鼎。以白皙者、柔脆者、膏腴者充魔王食，
> 以粗材充眾魔食。……僧額手曰：「誠不如削髮出塵，
> 可無此慮。」吏曰：「不然，其權可以害人，其力即
> 可以濟人。靈山會上，原有宰官；即此四種人，亦未
> 嘗無逍遙蓮界者也。」……雖語頗荒誕，似出寓言；
> 然神道設教，使人知畏；亦警世之苦心，未可繩以妄

語戒也。[37]

　　紀昀還舉一能視鬼老嫗所見之事，把鬼魂眷戀妻兒、依依不捨的情狀，生動感人地描繪出來。所以後來有少寡議嫁者，聽了老嫗所述鬼魂的戚然慘狀，以死自誓曰：「吾不忍使亡者作是狀！」，紀昀認為「此里嫗之言，為動人生死之感」，正是先王神道設教之深心：

　　先太夫人外家曹氏，有嫗能視鬼。外祖母歸寧時，與論冥事，嫗曰：「昨於某家見一鬼，可謂癡絕。然情狀可憐，亦使人心脾悽動……初死百日後，婦邀我相伴，見其恒坐院中丁香樹下，或聞婦哭聲，或聞兒啼聲，或聞兄嫂與婦詬誶聲，雖陽氣逼爍不能近，然必側耳窗外竊聽，悽慘之色可掬。後見媒妁至婦房，愕然驚起，張手左右顧。後聞議不成，稍有喜色。既而媒妁再至，來往兄嫂與婦處，則奔走隨之，皇皇如有失。送聘之日，坐樹下，目直視婦房，淚涔涔如雨。自是婦每出入，輒隨其後，眷戀之意更篤。嫁前一夕，婦整束奩具，復徘徊簷外，或倚柱泣，或俯首如有思。稍聞房內嗽聲，輒從隙私窺，營營者徹夜。吾太息曰：『癡鬼何必如是？』若弗聞也。娶者入，秉火前行，避立牆隅，仍翹首望婦。吾偕婦出回顧，見其遠遠隨至娶者家，為門尉所阻，稽顙哀乞，乃得入。入則匿牆隅，望婦行禮，凝立如醉狀。婦入房，稍稍近窗，其狀一如整束奩具時。至滅燭就寢，尚不去。為中霤

神所驅，乃狼狽出。時吾以婦囑歸視兒，亦隨之返，
見其直入婦室，凡婦所坐處、眠處，一一視到。俄聞
兒索母啼，趨出環繞兒四周，以兩手相握，作無可奈
何狀。俄嫂出，撻兒一掌，便頓足拊心，遙作切齒
狀。……後吾私為婦述，婦齚齒自悔。里有少寡議嫁
者，聞是事，以死自誓曰：『吾不忍使亡者作是狀！』」
嗟乎！君子義不負人，不以生死有異也；小人無往不
負人，亦不以生死有異也。常人之情，則人在而情在，
人亡而情亡耳。苟一念死者之情狀，未嘗不戚然感
也。儒者見詔瀆之求福，妖妄之滋惑，遂斷斷持無鬼
之論，失先王神道設教之深心。徒使愚夫愚婦，悍然
一無所顧忌，尚不如此里嫗之言，為動人生死之感
也。[38]

　　紀昀重視神道設教的用意，雖然在鬼神之說上和宋儒相
左，但最終連一向服膺理學「一宗宋儒」的曾國藩也接受，
曾國藩就曾為徐珊節錄《閱微草堂筆記》中鬼神因果故事而
成的《紀氏嘉言》作序說：

浮屠警世之功與吾儒相同，亦未厚貶而概以不然屏之
者……世風日漓，無欲而為善，無畏而不為不善者，
不可得已。苟有術焉，可以驅民於淳樸而稍遏其無等
之欲，豈非士大夫有世教之責者事哉？[39]

38　〈灤陽消夏錄〉卷四，前揭書，頁 68-69。
39　〈紀氏嘉言序〉，曾國藩：《曾國藩全集》第 14 冊，（湖南：岳麓書社，
　　1986），頁 172。

（四）對朱子鬼神觀的回應與釐清

　　紀昀鬼神觀與理學家之立異處，焦點在於鬼神之有無。而理學家的鬼神觀主要來自朱子的看法，因此勢必對朱子的鬼神觀做出回應與釐清。但是紀昀認為朱子之說並未否定鬼神的存在，只是對鬼神的定義和佛家不同而已。並認為程朱之說起因是為了矯正釋道二氏諂瀆求福、妖妄滋惑之弊，但後儒不察先儒矯枉之意，生於相激，非其本心，且傳其教者，雖心知不然，然不持是論，即不得稱為精義之學，亦違心而和之，才會有後世膠膠撓撓的紛爭。

　　鬼神的問題一直不是理學家關注的所在，而且理學家對鬼神的看法，也不同於世俗中惟靈論的鬼神觀。先是張載以二氣之良能來解釋鬼神，二程又視之為造化之迹。朱子雖然對鬼神並不諱言，也和門人有較多的討論，但從《朱子語類》卷三中第一條便是「鬼神事自是第二著。那個無形影，是難理會底，未消去理會，且就日用緊切處做工夫。子曰：『未能事人，焉能事鬼！未知生，焉知死！』此說盡了。此便是合理會底理會得，將間鬼神自有見處。若合理會底不理會，只管去理會沒緊要底，將間都沒理會了。」[40]看起來還是有些迴避問題的樣子，但在《朱子語類》中看到朱子一再地被弟子要求就鬼神諸問題發表看法，朱子也無法再以「沒緊要底」、「未消去理會」等詞來答覆，所以就有多則朱子對鬼神界說的言談，展現出朱子的鬼神觀。其中有兩項觀點為紀

---

40 黎靖德編：《朱子語類》第 3 冊，（北京：中華書局，2004），頁 33。

昀所質疑，一是朱子以陰陽二氣伸屈來解釋鬼神：「程子曰：『鬼神，天地之功用，而造化之迹也。』張子曰：『鬼神者，二氣之良能也。』愚謂：以二氣言，則鬼者陰之靈也，神者陽之靈也。以一氣言，則至而伸者爲神，反而歸者爲鬼，其實一物而已。」[41]、「神，伸也；鬼，屈也。如風雨雷電初發時，神也；及至風止雨過，雷住電息，則鬼也。」[42]、「鬼神不過陰陽消長而已。亭毒化育，風雨晦冥，皆是。在人則精是魄，魄者鬼之盛也；氣是魂，魂者神之盛也。精氣聚而爲物，何物而無鬼神！」[43]。上述所言，都可看出朱子鬼神觀對張載、二程的繼承性。在朱子看來鬼神只是氣的屈伸往來和陰陽消長而已，沒有絲毫的主宰之力，而且萬物皆有陰陽，陰陽無所不在，因此鬼神也無所不在毫不稀奇。紀昀並不同意這樣的看法，下面這則故事，紀昀雖然認爲是寓言，這是因爲「赫赫靈祇，豈屑與講學家爭是非哉？」不過紀昀認爲「此言推鬼神之始末，植義甚精」，能指出「鬼神之德，遂歸諸二氣之屈伸矣」的誤謬，所以也記錄於書中：

> 姜白巖言有士人行桐柏山中，遇鹵簿前導，衣冠形狀，似是鬼形，……因拜問封秩，曰：「吾即此山之神。」又拜問神生何代，冀傳諸人世，以廣見聞，曰：「子所問者人鬼，吾則地祇也。夫元黃剖判，融結萬形，形成聚氣，氣聚藏精，精凝孕質，質立含靈，故

41 朱熹：《四書章句集注》，（台北：漢京文化事業有限公司，1987），頁25。
42 黎靖德編：《朱子語類》第3冊，前揭書，頁34。
43 黎靖德編：《朱子語類》第3冊，前揭書，頁34。

神祇與天地並生，惟聖人通造化之原，故燔柴瘞玉，載在六經。自稗官瑣記創造鄙詞，曰劉曰張，謂天帝有廢興，曰呂曰馮，謂河伯有夫婦，儒者病之，紫陽崛起，乃以理詁天，併皇神之下臨，亦斥為烏有，而鬼神之德，遂歸諸二氣之屈伸矣。夫木石之怪，尚在夔蝄，土之怪，尚在羵羊，豈有乾坤斡運，元氣鴻洞，反不能聚而上升，成至尊之主宰哉？……余謂此言推鬼神之始末，植義甚精，然是白巖寓言，託諸鬼神耳，赫赫靈祇，豈屑與講學家爭是非哉？[44]

　　紀昀先巧妙地稱揚「惟聖人通造化之原」，因此祭祀完畢「燔柴瘞玉，載在六經」。而且典籍中也有「木石之怪，尚在夔蝄，土之怪，尚在羵羊」等精怪的記載，藉由先聖敬重山川神祇也有精怪的記錄，來反襯出後儒的誤謬，最終以「豈有乾坤斡運，元氣鴻洞，反不能聚而上升，成至尊之主宰哉」的反問語來質疑無鬼神之說。

　　第二項被紀昀所質疑的觀點是朱子所謂的感格說。祭祀本是儒家重要的禮教，如果鬼神像朱子近乎物理現象的解釋，則祭祀的意義何在？因此朱子進一步提出類似董仲舒天人感應的感格說來說明祭祀鬼神的道理：「鬼神只是氣。屈伸往來者，氣也。天地間無非氣。人之氣與天地之氣常相接，無間斷，人自不見。人心才動，必達於氣，便與這屈伸往來者相感通。」[45]、「然人死雖終歸於散，然亦未便散盡，故祭祀有感格之理。先祖世次遠者，氣之有無不可知。然奉祭

44　〈如是我聞〉卷一，前揭書，頁148-149。
45　黎靖德編：《朱子語類》第3冊，前揭書，頁34。

祀者既是他子孫，必竟只是一氣，所以有感通之理。然已散者不復聚。」[46]、「故祭祀之禮盡其誠敬，便可以致得祖考之魂魄。」[47]、「鬼神是本有底物事。祖宗亦只是同此一氣，但有個總腦處。子孫這身在此，祖宗之氣便在此，他是有個血脈貫通。所以『神不歆非類，民不祀非族』，只爲這氣不相關。如『天子祭天地，諸侯祭山川，大夫祭五祀』，雖不是我祖宗，然天子者天下之主，諸侯者山川之主，大夫者五祀之主。我主得他，便是他氣又總統在我身上，如此便有個相關處。」[48]，朱子提出了一要血脈同類，二要心存誠敬，三要名分合宜，則才達到祭祀鬼神的作用。對於這樣的理論，紀昀在〈槐西雜志〉卷四中，甚至親自提出對朱子的質疑：由於祭祀之理「制於聖人，載於經典」，朱子「遂不得不云子孫一氣相感，復聚而受祭；受祭既畢，仍散入虛無」，如此一來，紀昀便提出「不識此氣散還以後，與元氣混合爲一歟，抑參雜於元氣之內歟？」的質疑，接著對各種情形加以剖析，認爲朱子此說還是有鬼，「不過釋氏之鬼，地下潛藏，儒者之鬼，空中旋轉；釋氏之鬼，平日常存，儒家之鬼，臨時湊合耳。又何以相勝耶？」這是在書中少見的，由紀昀自己直接提出尖銳的質疑，足見這是問題的根本所在，因此紀昀也親自加以質疑：

> 然余猶有所疑者：朱子大旨，謂人秉天地之氣生，死
> 則散還於天地，葉賀孫錄所謂「如魚在水，外面水便

46 黎靖德編：《朱子語類》第 3 冊，前揭書，頁 37。
47 黎靖德編：《朱子語類》第 3 冊，前揭書，頁 46。
48 黎靖德編：《朱子語類》第 3 冊，前揭書，頁 47。

　　是肚裡水，鱖魚肚裡水與鯉魚肚裡水，只是一般」，
其理精矣；而無如祭祀之理，制於聖人，載於經典，
遂不得不云子孫一氣相感，復聚而受祭；受祭既畢，
仍散入虛無。不識此氣散還以後，與元氣混合為一
歟，抑參雜於元氣之內歟？如混合為一，則如眾水歸
海，共為一水，不能使江淮河漢復各聚一處也；如五
味和羹，共成一味，不能使薑鹽醯醬各聚一處也。又
安能於中犁出某某之氣，使各與子孫相通耶？如參雜
於元氣之內，則如飛塵四散，不知析為幾萬億處，如
遊絲亂飛，不知相去幾萬億里。遇子孫享薦，乃星星
點點，條條縷縷，復合為一。於事理毋乃不近耶？即
以能聚而論，此氣如無知，又安能感格？安能歆享？
此氣如有知，知於何起？當必有心，心於何附？當必
有身，既已有身，則仍一鬼矣。且未聚以前，此億萬
微塵，億萬縷縷，塵塵縷縷，各有所知，則不止一鬼
矣。不過釋氏之鬼，地下潛藏，儒者之鬼，空中旋轉；
釋氏之鬼，平日常存，儒家之鬼，臨時湊合耳。又何
以相勝耶？此誠非末學所知也。[49]

　　紀昀會對朱子提出質疑，原因在於紀昀欲藉神道設教之
功，以陶冶人心、維持社會秩序，因此在鬼神是否存在的問
題上，勢所必然提出質疑。但他還是有所迴護朱子之說，如
在〈槐西雜志〉卷四中提出解釋主張無鬼論的是阮瞻而非朱
子，更引《朱子語類》卷三中朱子論鬼神的語錄凡十二則，

49　〈槐西雜志〉卷四，前揭書，頁 348-349。

來駁斥講學家以爲朱子主張無鬼的錯誤[50]。而且紀昀善用聖人這頂大帽子來反駁無鬼神之說：「聖人通鬼神之情狀，何嘗謂魂升魄降，遂冥冥無知哉？」[51]、「夫六經具在，不謂無鬼神」[52]、「聖人通幽明之禮。故能以人情知鬼神之情也。不近人情。又烏知禮意哉。」[53]、「大抵無鬼之說，聖人未有」[54]、「聖人以魑魅魍魎鑄於禹鼎，庭氏方相列於周官。」[55]、「燔柴瘞玉，載在六經……木石之怪，尚在夔蛧，土之怪，尚在羵羊」[56]。而且紀昀把辯駁無鬼論的矛頭指向是後儒誤解了程朱等大儒的意思：「且無鬼之論，創自阮瞻，非朱子也，朱子特謂魂升魄降爲常理，而一切靈怪，非常理耳，未言無也。」[57]、「大抵無鬼之說，聖人未有，諸大儒恐人諂瀆，故強造斯言……傳其教者，雖心知不然，然不持是論，即不得稱爲精義之學，亦違心而和之曰：『理必如是云爾。』君不察先儒矯枉之意，生於相激，非其本心。後儒闢邪之說，壓於所畏，亦非其本心」[58]。又如上節所提到的，畢竟紀昀只能就朱子的鬼神之說，提出理論上不周全的質疑，而未曾直言程朱主張無鬼神之說。

　　紀昀把辯駁無鬼論的矛頭指向後世的講學家，在《閱微

50　〈槐西雜志〉卷四，前揭書，頁 347-348。
51　〈如是我聞〉卷四，前揭書，頁 215。
52　〈槐西雜志〉卷四，前揭書，頁 373。
53　〈如是我聞〉卷四，前揭書，頁 236。
54　〈姑妄聽之〉卷四，前揭書，頁 470。
55　〈灤陽續錄〉卷一，前揭書，頁 500。
56　〈如是我聞〉卷一，前揭書，頁 148。
57　〈槐西雜志〉卷四，前揭書，頁 346-347。
58　〈姑妄聽之〉卷四，前揭書，頁 470。

草堂筆記》書中多有借鬼狐故事以譏諷講學家，如〈灤陽消夏錄〉卷四：

> 邊隨園徵君言：「有入冥者，見一老儒立廡下，意甚惶遽，一冥吏似是其故人，揖與寒溫畢，拱手對之笑曰：『先生平日持無鬼論，不知先生今日果是何物？』諸鬼皆粲然，老儒蜷縮而已。」[59]

主張無鬼論的老儒在死後成了鬼，就如同主張無鬼論的阮瞻遇到了鬼一樣，本身就充滿了諷刺的味道，鬼友一句「先生平日持無鬼論，不知先生今日果是何物？」就把老儒在世時，錯誤的主張給點了出來，難怪老儒只能窘迫地「蜷縮而已」。因此自《閱微草堂筆記》流傳以後，便陸續有人對其提出質疑與批判，如道光、咸豐年間人林昌彝（1803～?）就質疑道：「其托狐鬼以勸世則可，而托狐鬼以譏刺宋儒則不可，宋儒雖不無可議，不妨直言其弊，托狐鬼以譏刺之，近於狃侮前人，豈君子所出此乎？」[60]，光緒年間人施山（駢菉道人）也直斥紀昀「好虛構萬一或然之事，鬼魅無稽之言，執為確據，以仇視習常守理之講學家，譏謗笑侮，不遺餘力」[61]。其實細究之，在《閱微草堂筆記》中記載的真君子多是理學家，紀昀對真君子劉君琢「一生循謹，有古君子風」，所以在勢危的時候，能得到鬼神暗中的護佑[62]、周姓老儒「篤

59　〈灤陽消夏錄〉卷四，前揭書，頁82。

60　魯迅：《小說舊聞鈔》引《射鷹樓詩話》卷二語，（上海市：齊魯書社，1997），頁85。

61　蔣瑞藻：《小說考證》卷七引《蘦露庵雜記》語，（上海市：上海古籍出版社，1984），頁224。

62　〈槐西雜志〉卷三，前揭書，頁315-316。

信洛閣，而不鶩講學名」因此「窮老以終，聲華闃寂」，但他「內行醇至，粹然古君子也」，所以拒絕了冤死鬼魂以作崇謀取賤價購屋的建議，贏得了鬼魂「君竟真道學」的讚嘆[63]、魏環極「剛大之氣、正直之情，實可質鬼神而不愧」故狐精「私敬公，故日日竊執僕隸役」[64]，紀昀對這些人形象的描繪，並不會因他們講理學就醜詆他們，也是寫出鬼狐對他們的欽敬，所以紀昀對理學主敬立誠、躬行自修的功夫還是相當地敬佩，因此才有這樣對講學家正面形象的描寫，而紀昀在治學和立身處世的態度，倒頗有「治經宗漢儒，立身宗宋儒」、「六經尊服鄭，百行法程朱」[65]的意味。再看紀昀所譏諷的講學家，有的是苛刻不近人情、動輒以禮苛責；有的是矯作虛偽、言行不一、口是心非、貪財害人的假道學，這些末流之弊，難道就因為講理學就不能被批評嗎？所以邱煒萲（號菽園，1874-1941）才說「《齊諧》攻宋儒，每每肆意作謔，殊不足服理學家之心。《五種》攻宋儒，架空設難，實足以平道學家之氣」[66]，指的就是紀昀所針砭的的確是理學的末流之弊，講學家豈能以汙衊視之。因此從他對講學家正反兩面的形象描寫看來，紀昀反對的是理學的末流弊端，痛恨的是虛偽的假道學罷了，對德行醇然、躬行自修的理學

63　〈槐西雜志〉卷四，前揭書，頁366。
64　〈姑妄聽之〉卷二，前揭書，頁410-411。
65　江藩：《經解入門》卷三〈漢宋門戶異同〉節，（天津市古籍書店，1990），頁74。江藩治學雖宗漢學，但對宋儒修身的功夫卻頗推服「學者治經宗漢儒，立身宗宋儒，則兩得矣」、「本朝為漢學者，始于元和惠氏，紅豆山房半農人手書楹帖云：『六經尊服鄭，百行法程朱』，不以為非，且以為法，為漢學者背其師承何哉！藩為是記，實本師說。」
66　邱煒萲：《客雲廬小說話》卷一〈菽園贅談〉，光緒二十三年刊本。

家，仍然是心折的。

二、神道設教之應用

乾隆時期，宋明理學由於末流之弊所引起的反感[67]，和理論上的盲點[68]，已逐漸失去了約束與規範人心的作用，而對這樣的情形，紀昀除了借鬼狐之說以針貶理學末流之弊外，也必須以神道設教來挽救世道人心，避免無鬼論所帶來的影響[69]。從《閱微草堂筆記》中紀昀對三綱五常、忠孝節義等倫理道德，仍是不餘遺力地提倡與遵守，全書中忠臣、孝子、節婦獲得鬼神欽敬、呵護的例子比比皆是，紀昀神道

---

67 不僅是學者對假道學進行批判，如陳澧所說的「更有未讀程朱書而尊程朱者，則科舉習氣耳，豈真尊程朱哉？」（《東塾讀書記（外一種）》，（北京）三聯書店，1998，頁 332）、顏李學派的重要傳人王源就指出當時假道學普遍存在「天下無事不偽，而理學尤甚，今所號為儒者，類皆言偽行汙，不足起人意」（〈與李中孚書〉，《居業堂文集》卷 7，《續修四庫全書》第 1418 冊，上海古籍出版社，2002，頁 155），連婦孺也可以憑著感覺經驗對假道學加以譏嘲，清初理學家張履祥就曾感慨地說：「雖窮鄉婦女、三尺童豎，熟於口，慣於耳，見夫人一言一行稍異流俗也，遂以假道學為誚詆，一人始之，眾人相與和之，咸指而名以假云假云」（〈假道學說〉，《楊園先生全集》卷 18，頁 30-31，清同治十年（1871）江蘇書局刻本）。

68 紀昀認為理學家無鬼論的盲點，正如前文所引〈槐西雜志〉卷四之例：「吾為吾師所誤也。吾師日講學，凡鬼神報應之說，皆斥為佛氏之妄語。吾信其言，竊以為機械能深，彌縫能巧，則種種惟所欲為，可以終身不敗露。百年之後，氣返太虛，冥冥漠漠，並毀譽不聞，何憚而不恣吾意乎？」這正是紀昀為何重視神道設教的用意。

69 這或許正是龔鵬程所說的「在宋明理學已漸喪失其倫理規範意義，經史考證又只是技藝的時代，信奉此等通俗儒道佛理，並以之教化民眾，便成為士大夫自覺可以努力之工作」，〈乾嘉年間的鬼狐怪談〉，《中華文史論叢》總第 68 輯，上海古籍出版社，2007.2，頁 151。

設教的主張並非是迷信的提倡，而是本著傳統儒家經典《禮記‧樂記》「明則有禮樂，幽則有鬼神，如此則四海之內合敬同愛矣」、《易經‧觀‧彖》「聖人以神道設教，而天下服矣」中的思想，作為一種施行教化的手段。從消極面來說，它讓人民安於天命，相信人了的制度、準則、秩序等都是出於天意，是上天所設，人們只能謹遵天命，自覺服從；而從積極面來說，又能使人民敬天畏神，因畏懼無所不在的鬼神而自覺向善，對維繫社會的道德倫常、維持社會的安定都有其它制度如嚴刑峻法或單純的禮樂教化所起不到的作用。因此如同前文紀昀屢屢提及「神道設教，以馴天下之強梗，聖人之意深矣。講學家烏乎識之？」、「然神道設教，使人知畏；亦警世之苦心，未可繩以妄語戒也」、「帝王以刑賞勸人善，聖人以褒貶勸人善，刑賞有所不及，褒貶有所弗恤者，則佛以因果勸人善，其事殊，其意同也」，具見紀昀欲藉神道設教以維護社會秩序與行為規範的苦心。

（一）立：以因果報應之說達勸懲淑世之效

　　傳統小說常以因果報應之說來進行勸懲淑世之目的，紀昀《閱微草堂筆記》亦復如是。其因無他，實乃因果報應之說早已深入人心[70]，是以收效亦速，易達淑世之理想。張榮

---

70 我國古代很早就存在因果報應的觀念，《易經‧坤卦文言》「積善之家必有餘慶，積不善之家必有餘殃」、〈繫辭下傳〉「善不積不足以成名，惡不積不足以滅身」、《書‧伊訓》「作善降之百祥，作不善降之百殃」、《書‧湯誥》云「天道福善禍淫，降災於夏，以彰厥罪。」《詩‧小雅‧小弁》「民莫不穀，我獨於罹，何辜於天，我罪伊何，心之憂矣，云如之何？」、老子在《道德經》中云「天道無親，常與善人」。又如《國

富使用經濟學者法蘭克（RobertH.Frank）在 1988 年所建立
的道德情緒演化賽局模型，來討論宗教的果報觀在促進道德
行為與社會利益上所扮演的角色與價值，得到如此的結論：

> 果報觀在短期上，「借由獎懲、罪惡感和報應的機率
> 三方面的影響，使信仰者的不道德行為成本升高，因
> 此增強信徒的內在德性」，因此能在短期上使得模型
> 中合作者的人數的比例增加，而社會總利益因此增
> 加。亦即在長期均衡點不變的情況下，藉由短期上改
> 變合作者與背叛者的人數比例，果報觀的信仰能使社
> 會總利益增加。……為什麼工業文明之前的各個文明
> 社會都是自古以來較重視宗教（或果報觀）的社會？
> 在族群與族群、社會與社會的競爭中，當其他條件一

語‧周語》中記有「天道賞善而罰淫」、《韓非子‧安危》「禍福隨善
惡」、《墨子‧法義》「愛人利人者天必福之，惡人賊人者天必禍之」、
王充在《論衡‧禍虛》說「世謂受福佑者即以為行善所致，又謂被禍者
為惡所得，世謂受福佑者，既以為行善所致；又謂被禍害者，為惡所得。
以為有沉惡伏過，天地罰之，鬼神報之。天地所罰，小大猶發；鬼神所
報，遠近猶至。」、漢劉向《說苑‧雜言》「人為善者，天報以福。，
為不善者，天報以禍」等等記載，都是先民們在長期的生活中，對生活
經驗總結出的心得，也是先民們最原始、最樸素的善惡是非標準，明顯
地表現出勸善懲惡的果報觀。後來，佛教傳入中國，融合中國原有的天
道果報觀而產生因果輪迴之說及三世業報的果報觀念，以警惕人心，使
人向善。僧祐《弘明集》卷五中所收釋慧遠之〈三報論〉，即展現此一
思想：「經說業有三報：一曰現報；二曰生報；三曰後報。現報者，善
惡始於此身，即此身受；生報者，來生便受；後報者，或經二生、三生、
百生、千生，然後乃受。受之無主，必由於心，心無定司，感事而應，
應有遲速，故報有先後。先後雖異，咸隨所遇而為對。對有強弱，故輕
重不同，斯乃自然之賞罰，三之大略也」，對報應的遲速作出了理論的
補充完備，也就是世人看到善無善報、惡無惡報現象的解釋，形成後人
常說的「善惡到頭終有報，只爭來速與來遲」這種安頓人心的說法。在
這些思想的混成下，終於形成「善有善報，惡有惡報」這種社會的共識。

樣時，高宗教信仰（或高果報觀）的族群或社會的總產出將高於低宗教信仰（或低果報觀）的族群或社會。低宗教信仰（或低果報觀）的族群或社會較易在演化競爭的洪流中被淘汰。[71]

有善不賞，君子必稀；有惡不懲，小人必猖。為形成一種好的道德風尚，為挽救社會人心，紀昀勢必對因果報應思想的合理性予以足夠的重視。因為因果報應思想可以發揮淨化人心、遏制私慾，它使得人們在福禍無常與諸多煩惱塵勞的社會生活中，能帶給遵守道德的人們以希望，形成一個公正合理的社會。紀氏不用理學、漢學的形式卻選擇以小說的形式來匡時濟世，因為小說更具可讀性和趣味性，因而也更容易被普通百姓接受。是以紀昀把因果報應融入大量的故事中，慢慢地發揮彰善癉惡的思想，以達到勸民為善淑世的效果，這較以理學等形式來說教，無論是對文人雅士還是對白丁大眾，都可以收到事半功倍的效果。當讀者通過閱讀《閱微草堂筆記》，更加明確了遵守綱常倫理的重要性，增強了社會道德的責任感，自覺自發地修善積德，防惡止非，在嚴格要求自己的同時，也建立起了良好的社會秩序。紀昀以因果報應之說發揮警示教化的作用，其勸懲的對象，遍及各種身分、地位、關係之人們，在這些故事中，紀昀不斷地從儒家修身內省的德性角度，來強化因果報應的道德功能。在勸導人們棄惡從善、避禍獲福的同時，仍不失修身、齊家、治國一體的儒學的理念，如篇中屢屢強調儒家尊崇之忠孝節義

---

71 張榮富：〈宗教的果報觀如何促進道德行為與社會利益：以演化賽局模型分析〉，《教育與社會研究》第十五期，2008.06，頁68。

等德性為鬼神所敬重「信忠孝節義，感天地動鬼神矣」[72]、「余謂忠孝節義，歿必為神。天道昭昭，歷有證驗，此事可以信其有……天視自我民視，天聽自我民聽。人心以為神，天亦必以為神矣。何必又疑其妄焉」[73]、「忠孝節義，上帝所重」[74]、「忠臣孝子，誠感神明，一誦佛號，則聲聞三界，故其力與經懺等」[75]、「忠臣孝子，頂上神光照數尺」[76]。換言之，就是從儒學的政治觀念出發，透過鬼狐報應之事，去批判現實之弊，以期求得勸善懲惡，穩定社會秩序，達到淑世之理想。因此，《閱微草堂筆記》絕不同於一般的宗教宣傳，若不察此點，就是仿效《閱微草堂筆記》者，被批評為「且末流加厲，易墮為報應因果之談」[77]的原因。今就《閱微草堂筆記》所論及的各色人等之故事，逐一剖析如下。

1.忠君愛國

　　原始儒家對「忠」的定義是相對的，不是片面的，是有前提、有後果，如《論語・八佾》篇中孔子所稱「君使臣以禮，臣事君以忠」；《孟子・離婁》篇中所說「君之視臣如手足，則臣視君如腹心；君之視臣如犬馬，則臣之視君如國人；君之視臣如土芥，則臣之視君如寇仇」、「聞誅一夫紂矣，未聞弒君也」（《孟子・梁惠王》）、「君有過則諫，

72　〈槐西雜志〉卷一，前揭書，頁 242。
73　〈灤陽消夏錄〉卷五，前揭書，頁 93。
74　〈灤陽消夏錄〉卷三，前揭書，頁 47。
75　〈姑妄聽之〉卷二，前揭書，頁 426。
76　〈如是我聞〉卷二，前揭書，頁 159。
77　魯迅：《中國小說史略》第 22 章，（台北：風雲時代出版公司，1996），頁 263。

反覆之而不聽，則易位」（《孟子‧萬章》）。至西漢今文
經學大師董仲舒在其《春秋繁露》中提出了所謂的「王道三
綱」，即「君爲臣綱，父爲子綱，夫爲妻綱」，將「綱」比
喻爲君對臣，父對子，夫對妻有較絕對的支配權力，而臣對
君，子對父，妻對夫則只有絕對服從的義務這是孔孟儒學的
一大轉變。其後東漢的馬融更著有《忠經》十八章，紀昀在
《閱微草堂筆記》中所強調的忠君愛國思想比較接近馬融《忠
經》上所說的「忠能固君臣、安社稷、感天地、動神明，而
況人乎，忠興於身，著於家，成於國，其行一也」（天地神
明章第一）[78]。除了強調如同文天祥所說的「沛乎塞滄溟」
正氣一樣，「忠孝節義，正氣不消」[79]外，也對能忠君愛國
者多所讚揚，在如〈灤陽消夏錄〉卷三，地位低下的廝役巴
拉，因爲忠勇殉國，死後在冥司卻能脫離貧賤低下，一躍爲
相當於陽世官秩六品驍騎校之冥官：

> 有廝養曰巴拉，從征時遇賊，每力戰，後流矢貫左頰，
> 鏃出於右耳之後，猶奮刀砍一賊，與之俱仆。後因事
> 至孤穆第（在烏魯木齊、特納格爾之間），夢巴拉拜
> 謁，衣冠修整，頗不類賤役。夢中忘其已死，問向在
> 何處？今將何往？對曰：「因差遣過此，偶遇主人，
> 一展積戀耳。」問何以得官？曰：「忠孝節義，上帝
> 所重，凡爲國捐生者，雖下至僕隸，生前苟無過惡，
> 幽冥必與一職事；原有過惡者，亦消除前罪，向人道

78　《忠經詳解》，收入《續修四庫全書》第 933 冊，上海古籍出版社，2002，
　　頁 479。
79　〈槐西雜志〉卷三，前揭書，頁 320。

轉生。奴今為博克達山神部將，秩如驍騎校也。[80]

　　又有一紀昀親見之人伊實，因其忠勇殺敵之心使其死後復活，收錄此事正如篇末博晰齋的評論「使人覺戰死無可畏，然則忠臣烈士，正復易為，人何憚而不為也」一樣，具是紀昀勸懲之意：

> 翰林院筆貼式伊實，從征伊犁時，血戰突圍，身中七矛。越兩晝夜復甦，疾馳一晝夜，猶追及大兵。余與博晰齋同在翰林時，見有傷痕，細詢顛末。自言：「被創時，絕無痛楚，但忽如沉睡。既而漸有知覺，則魂已離體，四顧皆風沙潿洞，不辨東西。了然自知為已死，倏念及子幼家貧，酸徹心骨，便覺身如一葉，隨風漾漾欲飛；倏念及虛死不甘，誓為厲鬼殺賊，即覺身如鐵柱，風不能搖。徘徊佇立間，方欲直上山頂，望敵兵所在，俄如夢醒，已僵臥戰血中矣。」晰齋太息曰：「聞斯情狀，使人覺戰死無可畏，然則忠臣烈士，正復易為，人何憚而不為也！」[81]

　　至於在兩軍征戰時，千軍萬馬廝殺間，如何能辨其是否為赤膽忠心殉國？紀昀倒也提出一鬼神之事，篇末巴彥弼之言「吾臨陣每憶斯語，便覺捐身鋒鏑，輕若鴻毛」，也可視之為紀昀勸懲之意：

> 烏魯木齊提督巴公彥弼言，昔從征烏什時，夢至一處山麓，有六七行幄，而不見兵衛，有數十人出入往來，亦多似文吏。試往窺視，遇故護軍統領某公（某名凡

五字，公以滾舌音急呼之，今不能記。）。握手相勞
苦，問：「公久逝，今何事到此？」曰：「吾以平生
拙直，得受冥官，今隨軍籍記戰沒者也。」見其几上
諸冊，有黃色、紅色、紫色、黑色數種。問：「此以
旗分耶？」微笑曰：「安有紫旗、黑旗？（雖舊有黑
旗，以黑色夜中難辨，乃改為藍旗，此公蓋偶未知也。）
此別甲乙之次第耳。」問：「次第安在？」曰：「赤
心為國，奮不顧身者，登黃冊；恪遵軍令，寧死不撓
者，登紅冊；隨眾驅馳，轉輾而殞者，登紫冊；倉皇
奔潰，無路求生，蹂踐裂屍，追殲斷脰者，登黑冊。」
問：「同時受命，血濺屍橫，豈能一一區分，毫無舛
誤？」曰：「此惟冥官能辨矣。大抵人亡魂在，精氣
如生。應登黃冊者，其精氣如烈火熾騰，蓬蓬勃勃；
應登紅冊者，其精氣如烽煙直上，風不能搖；應登紫
冊者，其精氣如雲漏電光，往來閃爍。此三等中，最
上者為神明，最下者亦歸善道。至應登黑冊者，其精
氣瑟縮摧頹，如死灰無燄，在朝廷褒崇忠義，自一例
哀榮，陰曹則以常鬼視之，不復齒數矣。」巴公側耳
敬聽，悚然心折，方欲自問將來，忽炮聲驚覺。後常
以告麾下，曰：「吾臨陣每憶斯語，便覺捐身鋒鏑，
輕若鴻毛。」[82]

　　紀昀在以鬼神之說稱揚忠君愛國之氣節的同時，當然也
不忘藉鬼神之說對誤國奸臣、易節貳臣多所戒懲與譏諷，如

---

[82] 〈如是我聞〉卷四，前揭書，頁213。

明末作惡多端的大閹宦魏忠賢之死，雖然有傳言其私遁而去，但紀昀卻堅信天理不誣，姦佞豈能免難，甚至還願相信魏忠賢轉世為蜈蚣被雷劈死，足見紀昀的勸懲之心：

> 明魏忠賢之惡，史冊所未睹也。或言其知事必敗，陰蓄一騾，日行七百里，以備逋逃；陰蓄一貌類己者，以備代死。後在阜城尤家店，竟用是私遁去。余謂此無稽之談也。以天道論之，苟神理不誣，忠賢斷無倖免理；以人事論之，忠賢擅政七年，何人不識？使竄伏舊黨之家，小人之交，勢敗則離，有縛獻而已矣；使潛匿荒僻之地，則耕牧之中，突來閹宦，異言異貌，駭視驚聽，不三日必敗；使遠遁於封域之外，則嚴世蕃嘗通日本，仇鸞嘗交諳達，忠賢無是也，山海阻深，關津隔絕，去又將何往？昔建文行遁，後世方且傳疑。然建文失德無聞，人心未去，舊臣遺老，猶有故主之思。燕王稱戈篡位，屠戮忠良，又天下之所不與，遞相容隱，理或有之。忠賢虐燄薰天，毒流四海，人人欲得而甘心。是時距明亡尚十五年，此十五年中，安得深藏不露乎？故私遁之說，余斷不謂然。文安王岳芳曰：「乾隆初，縣學中忽雷霆擊格，旋繞文廟，電光激射，如掣赤練，入殿門復返者十餘度。訓導王著起曰：『是必有異。』冒雨入視，見大蜈蚣伏先師神位上，鉗出擲階前，霹靂一聲，蜈蚣死而天霽。驗其背上，有朱書『魏忠賢』字。」是說也，余則信之。

83

　　紀昀筆下又有藉乩仙以譏諷明末變節貳臣之事，紀昀雖官居清廷高位，對易代之間，未能守節之臣子仍是相當鄙夷。所以寫出故事中某公，當他領悟到乩仙是諷刺其變節求榮不死於國難，那「忽命駕去」的羞愧樣子，是相當高明且傳神的諷刺之作，正甲申三月十九日，正是李自成攻陷北京，崇禎皇帝上吊自殺之日：

> 宋按察蒙泉言，某公在明為諫官，嘗扶乩問壽數，仙判某年某月某日當死，計期不遠，恒悒悒，屆期乃無恙。後入本朝，至九列。適同僚家扶乩，前仙又降，某公叩以所判無驗，又判曰：「君不死，我奈何？」某公俯仰沉思，忽命駕去，蓋所判正甲申三月十九日也。84

　　此外，紀昀又有藉著黃葉道人潘班譏諷某巨公的故事，來表達自己對變節貳臣之鄙夷，雖然黃葉道人「此語太傷忠厚」，但紀昀仍認為「不能謂其無理也」，足見紀昀的忠君愛國思想如何：

> 黃葉道人潘班，嘗與一林下巨公連坐，屢呼巨公為兄。巨公怒且笑曰：「老夫今七十餘矣。」時潘已被酒，昂首曰：「兄前朝年歲，當與前朝人序齒，不應闌入本朝。若本朝年歲，則僕以順治二年九月生，兄以順治元年五月入大清，僅差十餘月耳。唐詩曰：『與兄行年較一歲。』稱兄自是古禮，君何過責耶？」滿

83　〈灤陽消夏錄〉卷三，前揭書，頁50。
84　〈灤陽消夏錄〉卷二，前揭書，頁23-24。

座為之咋舌。論者謂潘生狂士，此語太傷忠厚，宜其
坎壈終身。然不能謂其無理也。[85]

紀昀不僅認為潘班的話是有道理，還在編修《四庫全書
總目・集部》時，將明代練子寧到龔詡等八人列在解縉、胡
廣等人的前面，就是因為他們都是為明惠帝殉難的臣子，與
解縉、胡廣等投靠新君成祖以獲得恩寵之人不同。之所以將
他們分別編列，為的就是要彰顯忠君愛國的是非功過，「用
以昭名教是非、千秋論定」：

> 余作《四庫全書總目》，明代集部以練子寧至金川門
> 卒，龔詡八人，列解縉胡廣諸人前。併附案語曰：「謹
> 案練子寧以下八人，皆惠宗舊臣也。考其通籍之年，
> 蓋有在解縉等後者。然一則效死於故君；一則邀恩於
> 新主，梟鸞異性，未可同居，故分別編之，使各從其
> 類。至龔詡卒於成化辛丑，更遠在縉等後，今亦升列
> 於前，用以昭名教是非、千秋論定。紆青拖紫之榮，
> 竟不能與荷戟老兵爭此一紙之先後」，黃泉易逝，青
> 史難誣，潘生是言，又安可以佻薄廢乎？[86]

---

85 〈姑妄聽之〉，卷四，前揭書，頁 478-479。
86 〈姑妄聽之〉卷四，前揭書，頁 479。《四庫全書總目》下冊卷 170 案
語爲：「案練子寧以下諸人，據其通籍之年，蓋有在解縉諸人後者。然
一則死革除之禍，效命於故君，一則迎靖難之師，貢媚於新主。薰蕕同
器，於義未安。故分列編之，使各從其類。至龔詡卒於成化己丑，更遠
在縉等之後。令亦升列縉等前，用以昭名教是非，千秋論定。紆青拖紫
之榮，竟不能與荷戟老兵爭此一紙之先後也。」（北京）中華書局，1997，
頁 2287。這是紀昀自稱編撰《四庫全書總目》之例，可作為紀昀撰《四
庫全書總目》之佐證。此外，紀昀敢在其著作中如此露骨地譏諷明末降
清變節的貳臣，自然和乾隆帝為表彰在明末清初因抗清遇難的明朝官員
所作《欽定勝朝殉節諸臣錄》，其同時，並下令編纂《貳臣傳》之舉有關。

2.以孝事親

　　以孝事親是中華民族的傳統美德，孝道在歷代儒學之士於理論上的大力闡發，以及封建帝王在行動上推崇及法律規範下，對社會人倫秩序的維護上，起了重大的規範作用。紀昀《閱微草堂筆記》中自不免有許多勸孝與懲戒不孝的故事，但他並非提倡愚孝，也有記載著對父母亂命省思的故事。紀昀對孝子的贊許，以許多鬼神護祐、死後成神、必有善報等故事加以宣揚，以勸勉世人努力行孝。有關孝子（婦）得到鬼神護祐、欽敬之例甚多，今舉例如下：

> 滄州劉士玉孝廉，有書室為狐所據。白晝與人對語，擲瓦石擊人，但不睹其形耳。知州平原董思任，良吏也，聞其事，自往驅之。方盛陳人妖異路之理，忽簷際朗言曰：「公為官，頗愛民，亦不取錢，故我不敢擊公，然公愛民乃好名，不取錢乃畏後患耳，故我亦不避公。公休矣，毋多言取困。」董狼狽而歸，咄咄不怡者數日。劉一僕婦甚粗蠢，獨不畏狐。狐亦不擊之，或於對語時，舉以問狐。狐曰：「彼雖下役，乃真孝婦也，鬼神見之猶斂避，況我曹乎？」劉乃令僕婦居此室，狐是日即去。[87]
>
> 乾隆庚子，京師楊梅竹斜街，火所毀殆百楹。有破屋，巋然獨存。四面頹垣，齊如界畫，乃寡媳守病姑不去也。此所謂孝弟之至，通於神明。[88]
>
> 乾隆甲辰，濟南多火災。四月杪，南門內西橫街又火，

87　〈灤陽消夏錄〉卷一，前揭書，頁 1-2。
88　〈灤陽消夏錄〉卷二，前揭書，頁 37。

自東而西，巷狹風猛，夾路皆烈燄。有張某者，草屋三楹在路北，火未及時，原可挈妻孥出，以有母柩，籌所以移避。既勢不可出，夫婦與子女四人抱棺悲號，誓以身殉。時撫標參將方督軍撲救，隱隱聞哭聲，令標軍升後巷屋尋聲至所居，垂縆使縋出。張夫婦並呼曰：「母柩在此，安可棄也？」其子女亦呼曰：「父母殉父母，我不當殉父母乎？」亦不肯上。俄火及，標軍越屋避去，僅以身免。以為闔門並煨燼，遙望太息而已。乃火熄，巡視其屋，巋然獨存。蓋回飆忽作，火轉而北，繞其屋後，焚鄰居一質庫，始復西也。非鬼神呵護，何以能然？此事在癸丑七月，德州山長張君慶源錄以寄余，與余〈灤陽消夏錄〉載孀婦事相類。而夫婦子女，齊心同願，則尤難之難。夫二人同心，其利斷金，況六人乎？庶女一呼，雷霆下擊，況六人並純孝乎？精誠之至，哀感三靈，雖有命數，亦不能不為之挽回。人定勝天，此亦其一。事雖異聞，即謂之常理可也。余於張君不相識，而張君間關郵致，務使有傳，則張君之志趣可知矣。因為點定字句，錄之此編。[89]

故事中良吏驅狐不果，反倒是孝順的粗蠢僕婦「鬼神見之猶斂避」讓狐精避去。紀昀又以孝子（婦）得免於火厄，「事雖異聞」但「孝弟之至，通於神明」，足見孝子（婦）為人天共敬、護祐。同理，若鬼神未能護祐孝子（婦），也

會遭罪譴：

> 杜林鎮土神祠道士，夢土神語曰：「此地繁劇，吾失
> 於呵護，至疫鬼誤入孝子節婦家，損傷童稚，今鐫秩
> 去矣。新神性嚴重，汝善事之，恐不似我姑容也。」
> 謂春夢無憑，殊不介意。越數日，醉臥神座旁，得寒
> 疾幾殆。[90]

> 從兄旭升言，有丐婦甚孝其姑，嘗饑踣於路，而手一
> 盂飯不肯釋，曰：「姑未食也。」自云初亦僅隨姑乞
> 食，聽指揮而已。一日，同棲古廟，夜聞殿上屬聲曰：
> 「爾何不避孝婦，使受陰氣發寒熱？」一人稱：「手
> 捧急檄，倉卒未及睹。」又聞叱責曰：「忠臣孝子，
> 頂上神光照數尺，爾豈盲耶？」俄聞鞭箠呼號聲，久
> 之乃寂。次日至村中，果聞一婦饁田，為旋風所撲，
> 患頭痛。問其行事，果以孝稱。自是感動，事姑恒恐
> 不至云。[91]

因為孝子（婦）得鬼神護祐，往往能逢凶化吉，得到善
報，紀昀記載一則瞽者墜入枯井而終能獲救，認為是其一念
之孝所致：

> 去余家十餘里，有瞽者姓衛，戊午除夕，偏詣常呼彈
> 唱家辭歲，各與以食物，自負以歸。半途失足，墮枯
> 井中。既在曠野僻徑，又家家守歲，路無行人，呼號
> 嗌乾，無應者。幸井底氣溫，又有餅餌可食，渴甚則
> 咀水果，竟數日不死。會屠者王以勝驅豕歸，距井有

90　〈灤陽消夏錄〉卷二，前揭書，頁38。
91　〈如是我聞〉卷二，前揭書，頁159-160。

半里許，忽繩斷，豕逸狂奔野田中，亦失足墮井，持鉤出豕，乃見瞽者，已氣息僅屬矣。井不當屠者所行路，殆若或使之也。先兄晴湖問以井中情狀，瞽者曰：「是時萬念皆空，心已如死。惟念老母臥病，待瞽子以養。今並瞽子亦不得，計此時恐已餓莩，覺酸徹肝脾，不可忍耳。」先兄曰：「非此一念，王以勝所驅豕必不斷繩」。[92]

孝子（婦）能得鬼神護祐，同理，不孝之罪則甚重，必遭天譴。《閱微草堂筆記》有多篇此類記載，今舉例如下：

雍正壬子，有宦家子婦，素無勃豀狀。突狂電穿牖，如火光激射，雷楔貫心而入，洞左脅而出，其夫亦為雷燄燔燒，背到尻皆焦黑，氣息僅屬，久之乃蘇，顧婦屍泣曰：「我性剛勁，與母爭論或有之；爾不過私訴抑鬱，背燈掩淚而已，何雷之誤中爾耶？」是未知律重主謀，幽明一也。[93]

侍姬之母沈媼，言高川有丐者，與母妻居一破廟中。丐夏月拾麥斗餘，囑妻磨麵以供母。妻匿其好麵，以粗麵泄穢水，作餅與母食。是夕，大雷雨，黑暗中，妻忽嗷然一聲，丐起視之，則有巨蛇自口入，齧其心死矣。丐曳而埋之。沈媼親見蛇尾垂其胸臆間，長二尺餘云。[94]

戈太僕仙舟言，乾隆戊辰，河間西門外橋上，雷震一

92　〈灤陽消夏錄〉卷三，前揭書，頁 55。
93　〈灤陽消夏錄〉卷一，前揭書，頁 5-6。
94　〈灤陽消夏錄〉卷四，前揭書，頁 80。

人死，端跪不仆，手擎一紙裹，雷火弗蓺。驗之，皆
砒霜，莫明其故。俄其妻聞信至，見之不哭，曰：「早
知有此，恨其晚矣。是嘗詬誶老母，昨忽萌惡念，欲
市砒霜毒母死，吾泣諫一夜，不從也。」[95]

奴子李福之婦，悍戾絕倫，日忤其姑舅，面詈背詛，
無所不至。或微諷以不孝有冥謫，輒掉頭哂曰：我持
觀音齋，誦觀音咒，菩薩以甚深法力消滅罪愆，閻羅
王其奈我何？後嬰惡疾，楚毒萬端，猶曰：此我誦咒
未漱口，焚香用灶火，故得此報，非有他也。愚哉！[96]

　　世上少有完人，奸惡之徒若心存孝念，亦可使其重罪輕
報，從下面之例一則免於被巨雹擊斃之難，一則免墮泥犁，
可以看出紀昀與人為善的勸世用心：

佃戶二曹，婦悍甚，動輒訶詈風雨，詬誶鬼神。鄰鄉
里閈，一語不合，即揎袖露臂，攜二搗衣杵，奮呼跳
擲如雌虎。一日，乘陰雨出竊麥，忽風雷大作，巨雹
如鵝卵，已中傷仆地。忽風捲一五斗栲栳，墮其前，
頂之得不死。豈天亦畏其橫歟？或曰：「是雖暴戾，
而善事其姑。每與人計，姑叱之輒弭伏，姑批前頰，
亦跪而受，然則遇難不死有由矣。孔子曰：『夫孝，
天之經也，地之義也。』豈不然乎？」[97]

滄州城南上河涯，有無賴呂四，凶橫無所不為，人畏
如狼虎……後妻夢呂來曰：「我業重，當永墮泥犁。

---

95 〈灤陽消夏錄〉卷四，前揭書，頁 68。
96 〈如是我聞〉卷三，前揭書，頁 199。
97 〈灤陽消夏錄〉卷五，前揭書，頁 98-99。

緣生前事母尚盡孝，冥官檢籍得受蛇身，今往生矣。汝後夫不久至。善視新姑嫜，陰律不孝罪至重，毋自蹈冥司湯鑊也。」至妻再醮日，屋角有赤練蛇，垂首下視，意似眷眷。妻憶前夢，方舉首問之，俄聞門外鼓樂聲。蛇於屋上跳擲數回，奮然去。[98]

紀昀甚至認爲孝子（婦）「歿必爲神」，只要「人心以爲神，天亦必以爲神」，正如《尚書》中所說的「天視自我民視，天聽自我民聽」的道理一樣：

褚寺農家有婦姑同寢者，夜雨牆圮，泥土簌簌下。婦聞聲急起，以背負牆而疾呼姑醒，姑匍匐墮炕下，婦竟壓焉，其屍正當姑臥處。是真孝婦，以微賤無人聞於官，久而並佚其姓氏矣。相傳婦死之後，姑哭之慟。一日，鄰人告其姑曰：「夜夢汝婦，冠帔來曰，傳語我姑，無哭我。我以代死之故，今已爲神矣。」鄉之父老皆曰：「吾夜所夢亦如是。」或曰：「婦果爲神，何不示夢於其姑？此鄉鄰欲緩其慟，造是言也。」余謂忠孝節義，歿必爲神。天道昭昭，歷有證驗，此事可以信其有。即曰一人造言，眾人附和，天視自我民視，天聽自我民聽。人心以爲神，天亦必以爲神矣，何必又疑其妄焉？[99]

雖然紀昀極力提倡儒家的道德思想，但仍不避諱地舉出了許多實行孝道的困境。在這些例子裡，實在是難以判斷故事主人翁的是非對錯，但紀昀加以記載這些看似和傳統儒家

98 〈灤陽消夏錄〉卷一，前揭書，頁3-4。
99 〈灤陽消夏錄〉卷五，前揭書，頁92-93。

道德思想矛盾的例子，在筆者看來，卻是紀昀欲以這些例子刺激讀者思索更合乎人情事理的觀念，未必事事一定要死守教條不放，表現出紀昀處事貴寬、論人欲恕的態度，正所謂「不食馬肝，未為不知味」，以下兩例都是守節與孝親產生矛盾與衝突的例子，尤其故事中的郭六，表現出有對理學、禮教思想的尊奉，所以從「里少年瞰其乏食，以金錢挑之，皆不應」堅守貞節的行為，其後為求家庭生存的延續而為娼，卻又認為此舉可恥而自盡。也有內心對理學、禮教思想的矛盾有著複雜的情緒，她為家庭的延續做出做出巨大犧牲的貢獻，但已不再有為妻為母的資格，所以死不瞑目。這二者想法並存，正是「節孝並重也，節孝又不能兩全也」困境的反應：

> 明崇禎末，孟村有巨盜肆掠。見一女有色，並其父母繫之。女不受污，則縛其父母加炮烙。父母並呼號慘切，命女從賊。女請縱父母去，乃肯從。賊知其紿己，必先使受污而後釋。女遂奮擲批賊頰，與父母俱死，棄屍於野。後賊與官兵格鬥，馬至屍側，辟易不肯前，遂陷淖就擒。女亦有靈矣。惜其名氏不可考。論是事者，或謂：「女子在室，從父母之命者也。父母命之從賊矣，成一己之名，坐視父母之慘酷，女似過忍。」或謂：「命有治亂，從賊不可與許嫁比。父母命為娼，亦為娼乎？女似無罪。」先姚安公曰：「此事與郭六正相反，均有理可執，而於心終不敢確信。不食馬肝，未為不知味也。」[100]

---

100 〈灤陽消夏錄〉卷三，前揭書，頁49。

郭六，淮鎮農家婦，不知其夫氏郭，父氏郭也。相傳
呼為郭六云爾。雍正甲辰乙巳間，歲大饑，其夫度不
得活，出而乞食於四方。瀕行，對之稽顙曰：「父母
皆老病，吾以累汝矣。」婦故有姿，里少年瞰其乏食，
以金錢挑之，皆不應。惟以女工養翁姑，既而必不能
贍，則集鄰里叩首曰：「我夫以父母托我，今力竭矣，
不別作計，當俱死。鄰里能助我，則乞助我；不能助
我，則我且賣花，毋笑我（俚語以婦女倚門為賣花）。」
鄰里趑趄囁嚅，徐散去。乃慟哭白翁姑，公然與諸蕩
子游，陰蓄夜合之資。又置一女子，然防閒甚嚴，不
使外人覿其面。或曰是將邀重價，亦不辯也。越三載
餘，其夫歸。寒溫甫畢，即與見翁姑，曰：「父母並
在，今還汝。」又引所置女，見其夫曰：「我身已污，
不能忍恥再對汝，已為汝別娶一婦，今亦付汝。」夫
駭愕未答，則曰：「且為汝辦餐。」已往廚下自剄矣。
縣令來驗，目炯炯不瞑。縣令判葬於祖墳，而不祔夫
墓。曰：「不祔墓，宜絕於夫也；葬於祖墳，明其未
絕於翁姑也。」目仍不瞑。其翁姑哀號曰：「是本貞
婦，以我二人故至此也。子不能養父母，反絕代養父
母者耶？況身為男子不能養，避而委一少婦，途人知
其心矣。是誰之過而絕之耶？此我家事，官不必與聞
也！」語訖而目瞑。時邑人議論頗不一，先祖寵予公
曰：「節孝並重也，節孝又不能兩全也，此一事非聖

賢不能斷，吾不敢置一詞也。」¹⁰¹

3.守貞戒淫

　　自二程提出「餓死事極小，失節事極大」，朱子繼之以「存天理，滅人慾」，理學家所提倡鼓吹的節烈思想，逐漸成為社會共遵的行為法則。《閱微草堂筆記》中貞節烈婦的記載，也都是贏得人天鬼神的欽敬與護衛，如〈姑妄聽之〉卷二記載孤苦守寡一生的馬節婦，除有詩讚揚節婦之賢外，和節婦廖姥也寫出其為鬼神欽敬、護衛之情形：

> 東光馬節婦，余妻黨也。年未二十而寡，無翁姑兄弟，亦無子女。艱難困苦，坐臥一破屋中，以浣濯縫紉自給，至鬻釜以易粟，而拾破瓦盆以代釜。年八十餘，乃終。余嘗序《馬氏家乘》，然其夫之名字，與母之族氏，則忘之久矣。相傳其十一二時，隨母至外家。故有狐，夜擲瓦石擊其窗，聞屋上屬聲曰：「此有貴人，汝輩勿取死！」然竟以民婦終，殆《孟子》所謂「天爵」歟？¹⁰²

> 廖姥，青縣人，母家姓朱，為先太夫人乳母。年未三十而寡，誓不再適，依先太夫人終其身。歿時，年九十有六。性嚴正，遇所當言，必侃侃與先太夫人爭。先姚安公亦不以常媼遇之。余及弟妹，皆隨之眠食，饑飽寒暑，無一不體察周至，然稍不循禮，即遭呵禁。約束僕婢，尤不少假借，故僕婢莫不陰憾之。顧司莞鑰，理庖廚，不能得其毫髮私，亦竟無如何也。嘗攜

101　〈灤陽消夏錄〉卷三，前揭書，頁47-48。
102　〈姑妄聽之〉卷二，前揭書，頁428。

一童子，自親串家通問歸，已薄暮矣，風雨驟至，驅避於廢圃破屋中。雨入夜未止，遙聞牆外人語曰：「我方投汝屋避雨，汝何以冒雨坐樹下？」又聞樹下人應曰：「汝毋多言，廖家節婦在屋內。」遂寂然。後童子偶述其事，諸僕婢皆曰：「人不近情，鬼亦惡而避之也。」嗟乎！鬼果惡而避之哉！[103]

胡太虛撫軍，能視鬼，云：「嘗以葺屋，巡視諸僕家，諸室皆有鬼出入，惟一室闃然。問之，曰：『某所居也。』然此僕蠢蠢無寸長，其婦亦常奴耳。後此僕死，其婦竟守節終身。」蓋烈婦或激於一時，節婦非素有定志，必不能飲冰茹蘗數十年。其胸中正氣蓄積久矣，宜鬼之不敢近也。又聞一視鬼者曰：「人家恒有鬼往來，凡閨房媟狎，必諸鬼聚觀，指點嬉笑，但人不見不聞耳。鬼或望而引避者，非他年烈婦節婦，即孝婦賢婦也。」與胡公所言，若重規疊矩矣。[104]

　　節婦不僅為鬼神所欽敬、護衛，也能享受祭祀，甚至還能脫離鬼籍而升天，其中對守節心態的的剖析，尤為深入且合情合理：

董秋原言：「昔為鉅野學官時，有門役典守節孝祠，即攜家居祠側。一日秋祀，門役夜起灑掃，其妻猶寢，

103　〈灤陽消夏錄〉卷四，前揭書，頁 77。廖姥為鬼所欽敬，卻被僕婢視之為不近人情，因此誤認為連鬼也厭惡而躲避她，有人誤以是紀昀也厭惡廖姥，實是未審句末紀昀感嘆的反問語氣，且紀昀在〈灤陽續錄〉卷四中，也曾以非常懷念的口吻來稱讚家中兩位老僕人施祥及廖姥：「爾時家中，外倚祥內倚廖媼，故百事皆井井……今眼中遂無此人，徘徊四顧，遠想慨然」（前揭書頁 542-543），足見紀昀並不憎惡廖姥。
104　〈槐西雜志〉卷三，前揭書，頁 311。

夢中見婦女數十輩，聯袂入祠，心知神降，亦不恐怖，忽見所識二貧嫗亦在其中，再三審視，真不謬。怪問其未邀旌表，何亦同來？一嫗答曰：『人世旌表，豈能遍及窮鄉蓽屋？湮沒不彰者，在在有之，鬼神愍其荼苦，雖祠不設位，亦招之來饗。或藏瑕匿垢，冒濫馨香，雖位設祠中，反不容入。故我二人得至此也。』」此事頗創聞。然揆以神理，似當如是。又獻縣禮房吏魏某，臨終喃喃自語曰：「吾處閒曹，自謂未嘗作惡業，不虞貧婦請旌，索其常例，冥謫如是其重也。」二事足相發明。信忠孝節義，感天地動鬼神矣！[105]

顧員外德懋，自言為東岳冥官，余弗深信也，然其言則有理。曩在裘文達公家，嘗謂余曰：「冥司重貞婦，而亦有差等。或以女兒之愛，或以田宅之豐，有所繫戀而弗去者下也；不免情慾之萌，而能以禮義自克者次也；心如枯井，波瀾不生，富貴亦不睹，飢寒亦不知，利害亦不計者，斯為上矣。如是千百不得一，得一則鬼神為起敬。一日，喧傳節婦至，冥王改容，皆振衣佇迓。見一老婦纍然來，其行步步漸高，如躡階級，比到，竟從殿脊上過，莫知所適。冥王憮然曰：『此已升天，不在吾鬼籙中矣。』」[106]

此外，紀昀對守節的看法，認為「烈易而節難」[107]，「蓋

---

105 〈槐西雜志〉卷二，前揭書，頁 241-242。
106 〈灤陽消夏錄〉卷二，前揭書，頁 34-35。
107 見〈旌表張母黃太孺人節孝序〉，紀昀著，孫致中等校點，《紀曉嵐文集》第一冊，河北教育出版社，1991，頁 226。

烈婦或激於一時，節婦非素有定志，必不能飲冰茹蘗數十年」[108]；又認為守不守節，要以夫妻之間的感情為前提的；他對無法守節者，並沒有以禮教的名義大加撻伐，也能以「哀其遇，悲其志，惜其用情之誤，則可矣。必執《春秋》大義，責不讀書之兒女，豈與人為善之道哉？」[109]、「憫其遇，悲其志」寬容的心來看待，也能說出「婦再嫁常事，娶再嫁婦亦常事」[110]這樣的話來，比起講學家無條件的要求守節，紀昀的觀念已是大膽而且開通得許多。這些意見的舉例與論述，留待下文「講學家對貞節的要求過為嚴苛，紀昀以曲折的方式，表達他的批判」再詳述。

4.見義勇為

儒家以孔子所言「見義不為，無勇也」（《論語・為政》），因而強調為人處事當見義勇為，無論是救人性命、助人解厄等善行，都屬於見義勇為。紀昀在《閱微草堂筆記》中自不免以多則鬼神獎懲之故事來使人知所勸懲。如獻縣史某義助償債，使人免於骨肉分離，且有拒色之義行，方能倖免於難：

> 獻縣史某，佚其名。為人不拘小節，而落落有直氣，視齷齪者蔑如也。偶從博場歸，見村民夫婦子母相抱泣。其鄰人曰：「為欠豪家債，鬻婦以償。夫婦故相得，子又未離乳，當棄之去，故悲耳。」史問：「所欠幾何？」曰：「三十金。」「所鬻幾何？」曰：「五十金與人為妾。」問：「可贖乎？」曰：「券甫成，

108　〈槐西雜志〉卷三，前揭書，頁311。
109　〈槐西雜志〉卷二，前揭書，頁281-282。
110　〈槐西雜志〉卷四，前揭書，頁354。

金尚未付，何不可贖？」即出博場所得七十金授之，
曰：「三十金償債，四十金持以謀生，勿再鬻也。」
夫婦德史甚，烹雞留飲。酒酣，夫抱兒出，以目示婦，
意令薦枕以報。婦領之。語稍狎，史正色曰：「史某
半世為盜，半世為捕役，殺人曾不眨眼。若危急中污
人婦女，則實不能為。」飲啖訖，掉臂逕去，不更一
言。半月後，所居村夜火。時秋獲方畢，家家屋上屋
下柴草皆滿，茅簷秫籬，斯須四面皆烈燄，度不能出，
與妻子瞑坐待死。恍惚聞屋上遙呼曰：「東嶽有急牒，
史某一家並除名。」劃然有聲，後壁半圮。乃左挈妻
右抱子，一躍而出，若有翼之者。火熄後，計一村之
中，熱死者九。鄰里皆合掌曰：「昨尚竊笑汝癡，不
意七十金乃贖三命。」余謂此事見佑於司命，捐金之
功十之四，拒色之功十之六。[111]

又有劉橫平生積惡種種，但因援溺之義行，故得以免除
投胎為豕，五世受屠割之報應：

康熙末，張歌橋（河間縣地。）有劉橫者（橫讀去聲，
以其強悍得此稱，非其本名也），居河側。會河水暴
滿，小舟重載者，往往漂沒。偶見中流一婦，抱斷檣
浮沉波浪間，號呼求救，眾莫敢援。橫獨奮然曰：「汝
曹非丈夫哉！烏有見死不救者！」自掉舴艋，追三四
里，幾覆沒者數，竟拯出之。越日，生一子。月餘，
橫忽病，即命妻子治後事。時尚能行立，眾皆怪之。

111 〈灤陽消夏錄〉卷四，前揭書，頁65-66。

橫太息曰：「吾不起也。吾援溺之夕，恍惚夢至一官府。吏卒導入，官持簿示吾曰：『汝平生積惡種種，當以今歲某日死，墜豕身五世，受屠割之刑。幸汝一日活二命，作大陰功，於冥律當延二紀。今銷除壽籍，用抵業報，仍以原注死日死。緣期限已迫，恐世人昧昧，疑有是善事，反促其生。故召爾證明，使知其故。今生因果並完矣，來生努力可也。』醒而心惡之，未以告人。今屆期果病，尚望活乎？」既而竟如其言。此見神理分明，毫釐不爽，乘除進退，恒合數世而計之。勿以偶然不驗，遂謂天道無知也。[112]

又有陳四之母以不忍婢女受酷刑之心，不惜自汙以救人，東嶽大帝免其老而喪子，凍餓而死之命：

農夫陳四，夏夜在團焦守瓜田，遙見老柳樹下隱隱有數人影，疑盜瓜者，假寐聽之。中一人曰：「不知陳四已睡未？」又一人曰：「陳四不過數日，即來從我輩游，何畏之有？昨上直土神祠，見城隍牒矣。」又一人曰：「君不知耶？陳四延壽矣。」眾問何故，曰：「某家失錢二千文，其婢鞭數百，未承。婢之父亦憤曰：『生女如是，不如無。倘果盜，吾必縊殺之。』婢曰：『是不承死，承亦死也。』呼天泣，陳四之母憐之，陰典衣得錢二千，捧還主人曰：『老婦昏憒，一時見利取此錢，意謂主人積錢多，未必遽算出。不料累此婢，心實惶愧。錢尚未用，謹冒死自首，免結

來世冤。老婦亦無顏居此，請從此辭。」婢因得免。
土神嘉其不辭自污以救人，達城隍，城隍達東嶽。東
嶽檢籍，此婦當老而喪子，凍餓死。以是功德，判陳
四借來生之壽，於今生俾養其母。爾昨下直，未知也。」
陳四方竊憤母以盜錢見逐，至是乃釋然。後九年母
死，葬事畢，無疾而逝。[113]

《閱微草堂筆記》中紀昀屢屢以見義勇為的義行，如積
德延嗣[114]、挽彎報恩[115]必獲善報的故事，來勸勉人們當見義
勇為，甚至主張將看似不合常理之事載入縣誌，因為「正以
見匹夫匹婦足感神明，用以激發善心，砥礪薄俗」，勸懲之
心已不言可喻了：

> 理所必無者，事或竟有，然究亦理之所有也，執理者
> 自泥古耳。獻縣近歲有二事：一為韓守立妻俞氏，事
> 祖姑至孝，乾隆庚辰，祖姑失明，百計醫禱，皆無驗。

113　〈灤陽消夏錄〉卷四，前揭書，頁70-71。
114　〈灤陽消夏錄〉卷二：景城西偏，有數荒塚，將平矣。小時過之，老僕
　　施祥指曰：「是即周某子孫，以一善延三世者也。蓋前明崇禎末，河南
　　山東大旱蝗，草根木皮皆盡，乃以人為糧。官吏弗能禁，婦女幼孩，反
　　接鬻於市，謂之菜人。屠者買去，如刲羊豕。周氏之祖，自東昌商販歸，
　　至肆午餐，屠者曰：『肉盡，請少待。』俄見曳二女子入廚下，呼曰：
　　『客待久，可先取一蹄來。』急出止之，聞長號一聲，則一女已生斷右
　　臂，宛轉地上；一女戰慄無人色。見周，並哀呼，一求速死，一求救。
　　周惻然心動，並出貲贖之。一無生理，急刺其心死；一攜歸，因無子，
　　納為妾，竟生一男，右臂有紅絲，自腋下繞肩胛，宛然斷臂女也。後傳
　　三世乃絕。皆言周本無子，此三世乃一善所延云」，前揭書，頁29。
115　〈灤陽消夏錄〉卷五：愛堂先生嘗飲酒夜歸，馬忽驚逸，草樹翳薈，溝
　　塍凹凸，幾躓者三四。俄有人自道左出，一手挽彎，一手掖之下，曰：
　　「老母昔蒙拯濟，今救君斷骨之厄也。」問其姓名，轉瞬已失所在矣。
　　先生自憶生平未有是事，不知鬼何以云然。佛經所謂無心佈施，功德最
　　大者歟。，前揭書，頁88-89。

有黠者紿以刲肉燃燈，祈神佑，則可速愈，婦不知其紿也，竟刲肉燃之。越十餘日，祖姑目竟復明，夫受紿亦愚矣，然惟愚故誠，惟誠故鬼神為之恪，此無理而有至理也。一為丐者王希聖，足雙攣，以股代足，以肘撐之行，一日，於路得遺金二百，移置匿草間，坐守以待覓者，俄商家主人張際飛，倉皇尋至，叩之，語相符，舉以還之，際飛請分取不受，延至家，議養贍終其身。希聖曰：「吾形殘廢，天所罰也，違天坐食，將必有大咎。」毅然竟去。後困臥斐聖公祠下，（斐聖公不知何時人，志乘亦不能詳，土人云祈雨時有驗。）忽有醉人曳其足，痛不可忍，醉人去後，足已伸矣，由於遂能行，至乾隆己卯乃卒。際飛故先祖門客，余猶及見，自述此事甚詳。蓋希聖為善宜受報，而以命自安，不受人報，故神代報也，非乃無理而亦有至理乎？戈芥舟前輩，嘗載此二事於縣志，講學家頗病其語怪，余謂芥舟此志，惟乩仙聯句及王生殤子二條偶不割愛耳，全書皆體例謹嚴，具有史法，其載此二事，正以見匹夫匹婦足感神明，用以激發善心，砥礪薄俗，非以小說家言，濫登輿記也。[116]

當然，得人義行之助卻忘恩負義，也一定會有惡報。紀昀父親姚安公就「義所當報，不必談因果，然因果實亦不爽」來訓示後輩：

先姚安公性嚴峻，門無雜賓。一日與一襤褸人對語，

呼余兄弟與為禮，曰：「此宋曼珠曾孫，不相聞久矣，
今乃見之。明季兵亂，汝曾祖年十一，流離戈馬間，
賴宋曼珠得存也。」乃為委曲謀生計，因戒余兄弟曰：
「義所當報，不必談因果，然因果實亦不爽。昔某公
受人再生恩，富貴後，視其子孫零替，漠如陌路。後
病困，方服藥，恍惚見其人手授二札，皆未封。視之，
則當年乞救書也，覆杯於地，曰：『吾死晚矣。』是
夕卒。」[117]

5.為官之道

　　紀昀一向重視吏治，早在他 31 歲中進士時，就寫下〈擬
請重親民之官疏〉，呼籲朝廷要重視親民之官：

方今清公守法，約已愛人者，守令中豈曰無人……其
橫者毛鷙搏噬，其貪者谿壑不盈，其譎者巧詐售欺，
其懦昏憒敗事，而貴族權門依勢作威者又錯出其中，
一二良吏，恐不能補千百人之患也。況此一二人者，
無所激勸，亦將隨而波靡哉。良由視之太輕，核之不
力，而蠹政害民，勢遂至此也。[118]

　　就一般而言，為官若能廉潔愛民即被譽為好官，但紀昀
往往細究其存心，如同一狐所言「公為官頗愛民，亦不取錢，
故我不敢擊公，然公愛民乃好名，不取錢乃畏後患耳，故我
亦不避公」[119]、顧德懋所言「賢臣亦三等，畏法度者為下，
愛名節者為次，乃心王室，但知國計民生，不知禍福毀譽者

117　〈灤陽消夏錄〉卷二，前揭書，頁 23。
118　〈擬請重親民之官疏〉，《紀曉嵐文集》第一冊，前揭書，頁 128。
119　〈灤陽消夏錄〉卷一，前揭書，頁 1。

為上」，所以紀昀的為官之道非僅僅是消極的廉潔不貪而已，還更看重存心為何。此外，紀昀更認為為官更應當要有為民興利除害、有益於國計民生的積極面，「為民父母，但當論其冤不冤，不當問其允不允」、「至國計民生之利害，則不可言命。天地之生才，朝廷之設官，所以補救氣數也。身握事權，束手而委命，天地何必生此才，朝廷何必設此官乎？」、「設官以治民，下至驛丞閘官，皆有利弊之當理。但不要錢即為好官，植木偶於堂，並水不飲，不更勝公乎？」凡此種種正可見紀昀為官之道：

> 獻縣令明晨，應山人，嘗欲申雪一冤獄，而慮上官不允，疑惑未決。儒學門斗有王半仙者，與一狐友，言小休咎多有驗，遣往問之，狐正色曰：「明公為民父母，但當論其冤不冤，不當問其允不允，獨不記制府李公之言乎？」門斗返報，明為悚然。因言制府李公衛未達時，嘗同一道士渡江，適有與舟子爭詬者，道士太息曰：「命在須臾，尚較計數文錢耶？」俄其人為帆腳所掃，墮江死，李公心異之。中流風作，舟欲覆，道士禹步誦咒，風止得濟，李公再拜謝更生，道士曰：「適墮江者命也，吾不能救。公貴人也，遇阨得濟，亦命也。吾不能不救，何謝焉？」李公又拜曰：「領師此訓，吾終身安命矣。」道士曰：「是不盡然。一身之窮達當安命，不安命則奔競排軋，無所不至。不知李林甫、秦檜即不傾陷善類，亦作宰相，徒自增罪案耳。至國計民生之利害，則不可言命。天地之生才，朝廷之設官，所以補救氣數也。身握事權，束手

而委命，天地何必生此才，朝廷何必設此官乎？晨門
曰：『是知其不可而為之。』諸葛武侯曰：『鞠躬盡
瘁，死而後已。』成敗利鈍，非所逆睹。此聖賢立命
之學，公其識之。」李公謹受教，拜問姓名。道士曰：
「言之恐公駭。」下舟行數十步，翳然滅跡。昔在會
城，李公曾話是事，不識此狐何以得知也。[120]

北村鄭蘇仙，一日夢至冥府……有一官公服昂然入，
自稱所至但飲一杯水，今無愧鬼神。王哂曰：「設官
以治民，下至驛丞閘官，皆有利弊之當理。但不要錢
即為好官，植木偶於堂，並水不飲，不更勝公乎？」
官又辯曰：「某雖無功，亦無罪。」王曰：「公一身
處處求自全，某獄某獄避嫌疑而不言，非負民乎？某
事某事畏煩重而不舉，非負國乎？三載考績之謂何，
無功即有罪矣。」官大踧踖，鋒稜頓減。王徐顧笑曰：
「怪公盛氣耳。平心而論，要是三四等好官，來生尚
不失冠帶。」促命即送轉輪王。[121]

　　既然認為為官應有為民興利除害、有益於國計民生的積
極面，如若不然，正如前文所引宏恩寺僧的故事，則當受罪
報之苦，而且還包含依仗官勢的吏、役、官之親屬、官之僕
役這幾類「造福最易，造禍亦深」的人，紀昀真是深知官場
之黑暗面。《閱微草堂筆記》中當然記載有貪官污吏之受報
的故事，不義之財終究如鏡花水月，豈能保有：

　　楊槐亭前輩言，其鄉有宦成歸里者，閉門頤養，不預

120　〈灤陽消夏錄〉卷一，前揭書，頁4。
121　〈灤陽消夏錄〉卷一，前揭書，頁5。

外事，亦頗得林下之樂。惟以無嗣為憂。晚得一子，珍惜殊甚。患痘甚危。聞勞山有道士能前知，自往叩之。道士囅然曰：「賢郎尚有多少事未了，那能便死？」果遇良醫而癒。後其子冶游驕縱，竟破其家。流離寄食，若敖之鬼遂餒。鄉黨論之曰：「此翁無咎無譽，未應遽有此兒。惟蕭然寒士，作令不過十年，而官囊逾數萬，毋乃致富之道有不可知者在乎？」[122]

莆田林生霈言，閩中一縣令，罷官居館舍。夜有盜破扉而入，一媼驚呼，刃中腦仆地。僮僕莫能出，有邏者素弗善所為，亦坐視，盜遂肆意搜掠。其幼子年十四五，以錦衾蒙首臥，盜掣取衾，見姣麗如好女，嬉笑撫摩，似欲為無禮。中刃媼突然躍起，奪取盜刀，逕負是子奪門去，追者皆被傷，乃僅捆載所劫去。縣令怪媼已六旬，素不聞其能技擊，何勇驚乃爾。急往尋視，則媼挺立大言曰：「我某都某甲也，曾蒙公再生恩，歿後執役土神祠，聞公被劫，特來視。宧貲是公刑求所得，冥官判飽盜橐，我不敢救。至侵及公子，則盜罪當誅，故附此媼與之戰。公努力為善，我去矣！」遂昏昏如醉臥，救蘇問之，憒然不憶。蓋此令遇貧人與貧人訟，剖斷亦甚公明，故卒食其報云。[123]

　　在強調官員虛偽民興利除弊外，紀昀也相當重視官員應慎司刑獄，他深知治獄之不易，在《閱微草堂筆記》中，就有此類故事：

122 〈灤陽續錄〉卷二，前揭書，頁516。
123 〈如是我聞〉卷一，前揭書，頁155-156。

南皮張副使受長，官河南開歸道時，夜閱一讞牘，沉吟自語曰：「自剄死者，刀痕當入重而出輕，今入輕出重，何也？」忽聞背後太息曰：「公尚解事。」回顧無一人，喟然曰：「甚哉！治獄可畏也。此幸不誤，安保他日不誤耶？」遂移疾而歸。[124]

制府唐公執玉，嘗勘鞫一殺人案，獄具矣。一夜秉燭獨坐，忽微聞泣聲，似漸近窗戶。命小婢出視，嗷然而仆。公自啟簾，則一鬼浴血跪階下，厲聲叱之，稽顙曰：「殺我者某，縣官乃誤坐某。仇不雪，目不瞑也。」公曰：「知之矣。」鬼乃去。翌日，自提訊，眾供死者衣履，與所見合。信益堅，竟如鬼言改坐某。問官申辯百端，終以為南山可移，此案不動。其幕友疑有他故，微叩公，始具言始末，亦無如之何。一夕，幕友請見，曰：「鬼從何來？」曰：「自至階下。」曰：「鬼從何去？」曰：「欻然越牆去。」幕友曰：「凡鬼有形而無質，去當奄然而隱，不當越牆。」因即越牆處尋視。雖甃瓦不裂，而新雨之後，數重屋上，皆隱隱有泥跡，直至外垣而下。指以示公曰：「此必囚賄捷盜所為也。」公沉思恍然，仍從原讞。諱其事，亦不復深求。[125]

　他還在〈如是我聞〉卷四中，引述其門生汪輝祖所做《佐治藥言》中的治獄故事六則，無非不是在勸懲官員當謹慎治獄。但紀昀認為治獄非僅但求寬厚，以為生者可憫，而無視

124　〈灤陽消夏錄〉卷二，前揭書，頁25。
125　〈灤陽消夏錄〉卷三，前揭書，頁44-45。

沉冤之莫白，這種博得忠厚長者美名之官吏，是紀昀所痛惡，位此紀昀還引一則寓言駁斥其非，其中點出官吏濫好人的心態「姑容墨吏，自以為陰功，人亦多稱為忠厚。而窮民之賣兒貼婦，皆未一思」，更是值得為官者深思：

> 德州田白巖曰：「有額都統者，在滇黔間山行，見道士按一麗女於石，欲剖其心。女哀呼乞救，額急揮騎馳及，遽格道士手，女嗷然一聲，化火光飛去，道士頓足曰：『公敗吾事！此魅已媚殺百餘人，故捕誅之以除害。但取精已多，歲久通靈，斬其首則神遁去，故必剖其心乃死。公今縱之，又貽患無窮矣。惜一猛虎之命，放置深山，不知澤麋林鹿，麛其牙者幾許命也！』匣其匕首，恨恨渡溪去。」此貽白巖之寓言，即所謂一家哭何如一路哭也。姑容墨吏，自以為陰功，人亦多稱為忠厚。而窮民之賣兒貼婦，皆未一思，亦安用此長者乎？[126]

又有一則記某公「養癰不治」，造成伏法冤魂訟於冥司，也是警惕為「博忠厚之名」的故事：

> 田白巖言，康熙中江南有徵漕之案，官吏伏法者數人。數年後有一人降乩於其友人家，自言方在冥司訟某公。友人駭曰：「某公循吏，且其總督兩江，在此案前十餘年，何以無故訟之？」乩又書曰：「此案非一日之故矣。方其初萌，褫一官，竄流一二吏，即可消患於未萌。某公博忠厚之名，養癰不治，久而潰裂，

吾輩遂遘其難。吾輩病民蠹國，不能仇現在之執法者
也。追原禍本，不某公之訟而誰訟歟？」書訖，乩遂
不動。迄不知九幽之下，定讞如何。《金人銘》曰：
「涓涓不壅，終為江河；毫末不札，將尋斧柯。」古
聖人所見遠矣。此鬼所言，要不為無理也。[127]

　　紀昀對治獄看法特別捻出「忠厚亦能積怨」之說，是其
高明處，近世多倡廢除死刑者，或許不妨看一看紀昀下面這
則故事，「無罪無辜，受人屠割」、「就死之時，楚毒萬狀」
的受害者，多麼希望「強暴就誅，一申積憤」，而司獄者若
「但見生者之可憫，不見死者之可悲」，「刀筆舞文，曲相
開脫」，「被枉死者，不仇君而仇誰乎」，白骨沉冤之痛，
豈是司獄者所能輕忽：

　　余某者老於幕府，司刑名四十餘年。後臥病瀕危，燈
　　月下恍惚似有鬼為厲者，余某慨然曰：「吾存心忠厚，
　　誓不敢妄殺一人，此鬼胡為乎來耶？」夜夢數人浴血
　　泣曰：「君知刻酷之積怨，不知忠厚亦能積怨也。夫
　　煢煢孱弱，慘被人戕，就死之時，楚毒萬狀。孤魂飲
　　泣，銜恨九泉，惟望強暴就誅，一申積憤。而君但見
　　生者之可憫，不見死者之可悲，刀筆舞文，曲相開脫，
　　遂使兇殘漏網，白骨沉冤。君試設身處地，如君無罪
　　無辜，受人屠割，魂魄有知，旁觀讞是獄者，改重傷
　　為輕，改多傷為少，改理曲為理直，改有心為無心，
　　使君切齒之仇，從容脫械，仍縱橫於人世，君感乎怨

127　〈灤陽消夏錄〉卷五，前揭書，頁88。

乎？不是之思，而詡詡以縱惡為陰功，被枉死者，不
仇君而仇誰乎？」余某惶怖而寤，以所夢備告其子，
回手自撾曰：「吾所見左矣，吾所見左矣。」就枕未
安而歿。[128]

6.主僕相處之道

在舊社會不平等的主僕關係中，雖然主僕之間有的有溫
馨感人的情感，但更有千千萬萬的主僕之間，或是惡僕欺主，
或是惡主虐僕。明末清初的理學大家張履祥（1611-1674）就
曾經說道：

予所見主人之于僕隸，蓋非復以人道處之矣。饑寒勞
苦不之恤，無論已。甚者，父母死，不聽其縗麻哭泣
矣；甚者，淫其妻女若宜然矣；甚者，奪其資業，莫
之問矣；又甚者，亂殺之而亂焚之，莫敢詰矣。[129]

這種不把奴僕當人看待的惡主，不僅是肉體上「饑寒勞
苦」的折磨，還有貞操、婚姻上的摧殘，甚至財貨、性命的
奪取。《閱微草堂筆記》中有許多的篇章是紀昀在為惡主所
欺的奴婢哀其之不幸，深切地表達出對奴僕悲慘遭遇的同
情，如前文提到的從小青梅竹馬的三寶、四寶被主人從中作
梗，活活地分開，最終四寶病亡，三寶發狂出走，兩人的愛
情以悲劇告終。紀昀痛心的說出「則是二人者，天上人間，
會當相見」，流露出對這對苦命鴛鴦，無限的同情。並對罪
魁禍首嚴某所為，極為憤慨，譴責其「作此惡業，不知何心？

128　〈如是我聞〉卷三，前揭書，頁189。
129　《楊園先生全集》卷十九〈義男婦〉，同治辛未（10，1871）江蘇書局
　　　刊本，第六冊頁25。

亦不知其究竟？然神理昭昭，當無善報」，痛恨之情，溢於
言表，這種對奴僕不幸抱不平的憤慨，一如陶潛對其子所說
的「此亦人子也，可善遇之」，都是人道關懷的表現。紀昀
對官僚、富豪殘酷地對待奴婢非常不滿，常用各種因果報應
的方法勸導他們要善待奴婢，如〈槐西雜志〉卷二記載御下
極嚴的某侍郎夫人死後方蓋棺，「忽一白鴿飛入幃，尋視無
睹。俶擾間，煙燄自棺中湧出，連甍累棟，頃刻並焚」；另
有紀昀一親戚常鞭打奴婢，死時「兩股疽潰露骨，一若杖痕」，
這些故事無非是要警惕那些惡主能夠手下留情，為可憐的奴
僕爭取一些人道的待遇：

> 某侍郎夫人卒，蓋棺以後，方陳祭祀。忽一白鴿飛入
> 幃，尋視無睹。俶擾間，煙燄自棺中湧出，連甍累棟，
> 頃刻並焚。聞其生時，御下嚴，凡買女奴，成券入門
> 後，必引使長跪，先告戒數百語，謂之教導；教導後，
> 即褫衣反接，撻百鞭，謂之試刑。或轉側，或呼號，
> 撻彌甚。撻至不言不動，格格然如擊木石，始謂之知
> 畏，然後驅使。安州陳宗伯夫人，先太夫人姨也，曾
> 至其家，常曰：「其僮僕婢媼，行列進退，雖大將練
> 兵，無如是之整齊也。」又余常至一親串家，丈人行
> 也，入其內室，見門左右懸二鞭，穗皆有血跡，柄皆
> 光澤可鑒。聞其每將就寢，諸婢一一縛於凳，然後覆
> 之以衾，防其私遁或自戕也。後死時，兩股疽潰露骨，
> 一若杖痕。[130]

---

130 〈槐西雜志〉卷二，前揭書，頁285-286。

　　當然，紀昀也痛恨欺主的惡僕，紀昀及其父都曾吃過惡僕的虧，親友中也有被惡僕所欺者，如紀父同年老友張石鄰稱「吾家奴結黨以蠹我，其勢蟠固，我無可如何」[131]；紀昀也稱其好友胡牧亭「余嘗見胡牧亭爲群僕剝削，至衣食不給」[132]。紀昀曾如此形容奴僕的惡形惡狀：

> 奴輩生受蓁養恩，而互結朋黨，蒙蔽主人，久而枝蔓牽纏，根柢生固，成牢不可破之局。即稍有敗露，亦眾口一音，巧爲解結，使心知之而無如何。又久而陰相掣肘，使不如眾人之意，則不能行一事。[133]

　　這些惡僕一旦「互結朋黨」就會「蒙蔽主人」，遇事「稍有敗露，亦眾口一音，巧爲解結」，甚至還暗地掣肘主人，「使不如眾人之意，則不能行一事」。紀昀藉著趙宏燮（1656-1722）的故事，來譏諷惡僕最終必遭報應：

> 宋人詠蟹詩曰：「水清詎免雙螯黑，秋老難逃一背紅。」借寓朱勔之貪婪必敗也。然他物供庖廚，一死焉而已。惟蟹則生投釜甑，徐受蒸煮，由初沸至熟，至速亦逾數刻，其楚毒有求死不得者。意非夙業深重，不墮是中。相傳趙公宏燮官直隸巡撫時（時直隸尚未設總督。），一夜，夢家中已死僮僕媼婢數十人，環跪階下，皆叩額乞命，曰：「奴輩生受蓁養恩，而互結朋黨，蒙蔽主人，久而枝蔓牽纏，根柢生固，成牢不可破之局。即稍有敗露，亦眾口一音，巧爲解結，使

---

131 〈姑妄聽之〉卷三，前揭書，頁 447。
132 〈姑妄聽之〉卷三，前揭書，頁 447。
133 〈姑妄聽之〉卷一，前揭書，頁 403。

心知之而無如何。又久而陰相掣肘，使不如眾人之
意，則不能行一事。坐是罪惡，墮入水族，使世世罹
湯鑊之苦。明日主人供膳蟹，即奴輩後身，乞見赦宥。」
公故仁慈，天曙，以夢告司庖，飭舉蟹投水，且為禮
懺作功德。時霜蟹肥美，使宅所供，尤精選膏腴。奴
輩皆竊笑曰：「老翁狡獪，造此語怖人耶！吾輩豈受
汝給者？」竟效校人之烹，而以已放告；又乾沒其功
德錢，而以佛事已畢告。趙公竟終不知也。此輩作姦，
固其常態；要亦此數十僮僕婢媼者，留此錮習，適以
自戕。請君入甕，此之謂歟。[134]

在紀昀筆下這些惡僕死後也有以投胎轉生為雞犬來報償
前生對主人的積欠，如紀昀曾有一忠犬，一路追隨他從新疆
遇赦返京，「途中守行篋甚嚴，非余至前，雖僮僕不能取一
物。稍近，輒人立怒齧」，此犬後中毒而亡，紀昀收葬其骨，
欲為起塚，題曰「義犬四兒墓」，還打算雕惡僕石像跪其墓
前，經人勸阻乃止，僅題額諸奴所居室，曰「師犬堂」，可
見連紀大才子也不免受惡僕所欺，有一肚子的窩囊氣，才會
有如此的舉止，而這隻忠犬，紀昀就以為是他以前的一位惡
僕所投胎，來補其前世過錯：

余在烏魯木齊，畜數犬。辛卯賜環東歸，一黑犬曰四
兒，戀戀隨行，揮之不去，竟同至京師。途中守行篋
甚嚴，非余至前，雖僮僕不能取一物。稍近，輒人立
怒齧。一日，過關展七達坂（達坂，譯言山嶺，凡七

---

134 〈姑妄聽之〉卷一，前揭書，頁 402-403。

重，曲折陡峻，稱為天險。）。車四輛，半在嶺北，
半在嶺南，日矅黑，不能全度。犬乃獨臥嶺巔，左右
望而護視之，見人影輒馳視。余為賦詩二首曰：「歸
路無煩汝寄書，風餐露宿且隨予。夜深奴子酣眠後，
為守東行數輛車。」「空山日日忍饑行，冰雪崎嶇百
廿程。我已無官何所戀，可憐汝亦太癡生。」紀其實
也。至京歲餘，一日，中毒死。或曰：「奴輩病其司
夜嚴，故以計殺之，而托詞於盜，想當然矣。」余收
葬其骨，欲為起塚，題曰「義犬四兒墓」。而琢石象
出塞四奴之形，跪其墓前，各鐫姓名於胸臆，曰趙長
明，曰于祿，曰劉成功，曰齊來旺。或曰：「以此四
奴置犬旁，恐犬不屑。」余乃止。僅題額諸奴所居室，
曰「師犬堂」而已。初翟孝廉贈余此犬時，先一夕，
夢故僕宋遇叩首曰：「念主人從軍萬里，今來服役。」
次日得是犬，了然知為遇轉生也。然遇在時，陰險狡
黠，為諸僕魁。何以作犬反忠藎？豈自知以惡業墮
落，悔而從善歟？亦可謂善補過矣。[135]

　　紀昀還記錄一則僕人投胎為雞，以償還前生積欠主人之
債，文末還警告那些「狡黠攘竊」的惡僕，別忘了有因必有
果：

沈媼言，里有趙三者，與母俱傭於郭氏。母歿後年餘，
一夕，似夢非夢，聞母語曰：「明日大雪，牆頭當凍
死一雞。主人必與爾，爾慎勿食。我嘗盜主人三百錢，

---

[135] 〈灤陽消夏錄〉卷五，前揭書，頁88。

冥司判為難以償，今生卵足數而去也。」次日，果如
所言。趙三不肯食，泣而埋之。反覆窮詰，始吐其實。
此數年內事也。然則世之供車騎受刲煮者，必有前因
焉，人不知耳。此輩之狡黠攘竊者，亦必有後果焉，
人不思耳。[136]

其實主僕之間的關係倒也不必如此的緊張對立，人與人
之間還是可以發展出溫馨感人的情誼，人性中善良的感情，
能突破身分地位的隔閡，發展出溫馨感人的情誼。《閱微草
堂筆記》中紀昀也記錄著數則家中老僕人的言行事蹟，這一
男（施祥）一女（廖媼）的老僕人，都是終其一生待在紀家，
服侍紀家幾代幾十年。也讓紀昀對這兩位自小照顧他的老僕
人念念不忘，直到幾十年後紀昀還感懷不已地說「今眼中遂
無此人，徘徊四顧，遠想慨然」，表達出紀昀對他們無盡的
追思與懷念：

廖姥，青縣人，母家姓朱，為先太夫人乳母。年未三
十而寡，誓不再適，依先太夫人終其身。歿時，年九
十有六。性嚴正，遇所當言，必侃侃與先太夫人爭。
先姚安公亦不以常媼遇之。余及弟妹，皆隨之眠食，
饑飽寒暑，無一不體察周至，然稍不循禮，即遭呵禁。
約束僕婢，尤不少假借，故僕婢莫不陰憾之。顧司莞
鑰，理庖廚，不能得其毫髮私，亦竟無如何也。[137]
老僕施祥……小字舉兒，與姚安公同庚，八歲即為公
伴讀。數年，始能暗誦《千字文》，開卷乃不識一字。

---

136 〈姑妄聽之〉卷二，前揭書，頁406。
137 〈灤陽消夏錄〉卷四，前揭書，頁77。

> 然天性忠直，視主人之事如己事，雖嫌怨不避。爾時家中外倚祥，內倚廖媼，故百事皆井井。雍正甲寅，余年十一，元夜偶買玩物。祥啟張太夫人曰：「四官今日遊燈市，買雜物若干。錢固不足惜，先生明日即開館，不知顧戲弄耶？顧讀書耶？」太夫人首肯曰：「汝言是。」即收而鍵諸篋。此雖細事，實言人所難言也。今眼中遂無此人，徘徊四顧，遠想慨然。[138]

紀昀稱「此雖細事，言人所難言」，如果純粹就主僕的關係而言，施祥根本不必講這些話、也不該管這件事，唯有打從心底視紀昀如同子姪，擔心紀昀學業荒於嬉戲，才會「嫌怨不避」地提出諍言。而紀母張太夫人也能不把施祥視為常僕，乃能不以為忤而首肯其言。廖媼也如施祥一樣「嫌怨不避」，雖然身為僕人但忠於職事，不怕得罪人，「約束僕婢，尤不少假借，故僕婢莫不陰憾之」，「顧司莞鑰，理庖廚，不能得其毫髮私，亦竟無如何也」，正因廖媼自身操守端正，才讓僕婢諸人無所可乘，也因此紀父看待廖媼，如同紀母看待施祥，「先姚安公亦不以常媼遇之」。他們都能憑著盡心盡力、真心投入而獲得主人的信賴與尊重，紀家有僕如此，「爾時家中外倚祥，內倚廖媼，故百事皆井井」，難怪時至紀昀晚年，歷數十年之久，仍難以忘懷，並將他們的言行事蹟寫入書中，流露出深深地緬懷之情。所以主僕相處之道，在於主人勿虐奴僕，而奴僕需忠於主人，讓人性中善良的真誠，創造出和諧的主僕相處。

---

138 〈灤陽續錄〉卷四，前揭書，頁542。

（二）破：於不情之論揭其拘迂

　　紀昀不僅是學識淵博，而且為人處世通情達理，講求寬容，表現出一代通儒的博大胸懷。魯迅就說他「其處世貴寬，論人欲恕，故於宋儒之苛察特有違言……且於不情之論，世間習而不察者，亦每設疑難，揭其拘迂」[139]。紀昀對當時社會上所存在苛刻、不通人情的現象，往往透過鬼狐之口加以批判，而這些苛刻、不通人情現象的擁護者，往往就是講理學的講學家。因此，在《閱微草堂筆記》中的確有許多對講學家不近人情苛察的抨擊：「講學家動以一死責人，非通論也」[140]、「講學家崖岸過峻，使人甘於自暴棄，皆自沽己名，視世道人心如膜外耳」[141]、「哀其遇，悲其志，惜其用情之誤，則可矣。必執《春秋》大義，責不讀書之兒女，豈與人為善之道哉？」[142]、「春秋責備賢者，未可以士大夫之義律兒女子。哀其愚可也，憫其志可也」[143]、「講學家責人無已時」[144]、「是則講學之家，責人無已，非余之所敢聞也」[145]，這些都是經過一則則的事件，或是自己、或是引述他人所下的批評。紀昀在《閱微草堂筆記》中有則記載，把講學

---

139 魯迅：《中國小說史略》第 22 章，（台北：風雲時代出版公司，1996），頁 263。

140 紀昀：〈槐西雜志〉卷三（孫致中等校點，《紀曉嵐文集》第二冊《閱微草堂筆記》，河北教育出版社，1991 年），頁 308。

141 〈槐西雜志〉卷二，前揭書，頁 274。

142 〈槐西雜志〉卷二，前揭書，頁 282。

143 〈灤陽消夏錄〉卷二，前揭書，頁 27。

144 〈槐西雜志〉卷二，前揭書，頁 289。

145 〈灤陽續錄〉卷五，前揭書，頁 564。

家苛察的形象，描繪得十分生動：

> 賽商鞅者，不欲著其名字里貫，老諸生也。挈家寓京
> 師，天資刻薄，凡善人善事，必推求其疵，故得此名。
> 錢敦堂編修歿，其門生為經紀棺衾，贍恤妻子，事事
> 得所。賽商鞅曰：「世間無如此好人，此欲博古道之
> 名，使要津聞之，易於攀援奔競耳。」一貧民母，死
> 於路，跪乞錢買棺，形容枯槁，聲音酸楚，人競以錢
> 投之，賽商鞅曰：「此指屍斂財，屍亦未必其母，他
> 人可欺，不能欺我也。」過一旌表婦坊下，仰視微哂
> 曰：「是家富貴，僕從如雲，豈少秦宮、馮子都耶？
> 此事須核，不敢遽言非，亦不敢遽言是也。」平生操
> 論，皆類此。[146]

　　故事中的主角雖為儒生，但事事好苛求，「凡善人善事，
必推求其疵」，才得到賽商鞅的外號，真是身披儒服卻行近
申韓，看他隱喻節婦有像秦宮、馮子都那樣主僕同性戀的嫌
疑，就可知道是全然無儒者仁慈之心了。

　　講學家之所以遭致紀昀的批評，主要是有下列四種情形：

1.對遵守禮法的僵化，造成不近人情、不揆事勢，
　動輒以禮苛責的弊病。

　　紀昀主張適度地從人性、人情的角度來看待男女情感，
有較開明、合乎人情的思想，所以他說：「善夫！聖人通幽
明之禮，故能以人情知鬼神之情也。不近人情，又烏知《禮》
意哉？」[147]。《閱微草堂筆記》中紀昀對死守禮法而造成憾

---

146 〈灤陽續錄〉卷三，前揭書，頁555-556。
147 〈如是我聞〉卷四，前揭書，頁236。

事的記載，往往充滿著痛惜與同情之意：

> 余幼聞某公在郎署時，以氣節嚴正自任，嘗指小婢配小奴，非一年矣，往來出入，不相避也。一日，相遇於庭，某公亦適至，見二人笑容猶未斂，怒曰：「是淫奔也，於律姦未婚妻者杖。」遂至呼杖，眾言兒女戲嬉，實無所染，婢眉與乳可驗也。某公曰：「於律謀而未行，僅減一等，減則可，免則不可。」卒並杖之，創幾殆，自以為河東柳氏之家法，不是過也。自此惡其無禮，故稽其婚期。二人遂同役之際，舉足趑趄，無事之時，望影藏匿，跋前疐後，日不聊生，漸鬱悒成疾，不半載內，先後死。其父母哀之，乞合葬，某公仍怒曰：「嫁殤非禮，豈不聞耶？」亦不聽。後某公歿時，口喃喃似與人語，不甚可辨，惟「非我不可」、「於禮不可」，二語言之十餘度，了了分明。咸疑其有所見矣。夫男女非有行媒，不相知名，古禮也，某公於孩稚之時，即先定婚姻，使明知為他日之夫婦，朝夕聚處，而欲其無情，不能也。內言不出於閫，外言不入閫，古禮也，某公僮婢無多，不能使各治其事，時時親相授受，而欲其不通一語，又必不能也。其本不正，故其末不端，是二人之越禮，實主人有以成之，乃操之已蹙，處之過當，死者之心能甘乎？冤魄為厲，猶以於禮不可為詞，其斯以為講學家乎？[148]

故事中這位嚴守禮法的某公，在死前對他所造成的憾

事，猶堅持「非我不可」、「於禮不可」，紀昀末了一句「猶
以於禮不可為詞，其斯以為講學家乎？」，講學家死守禮法
的形象就躍然紙上。而紀昀對這事的看法是：

> 飲食男女，人生之欲存焉。干名義、瀆倫常、敗風俗，
> 皆王法之所必禁也，若癡兒駿女，情有所鍾，實非大
> 悖於禮，似不必苛以深文。[149]

　　紀昀在〈姑妄聽之〉卷一中，又以深情的筆墨，寫了一
則愛情的悲劇。故事中三寶四寶「襁褓中已結婚姻」兩情相
悅的小情侶，卻被館師嚴某以「中表為婚禮所禁」為由從中
作梗，最後三寶四寶的愛情以悲劇告終：

> 董家莊佃戶丁錦，生一子曰二牛，又一女贅曹寧為
> 婿，相助工作，甚相得也。二牛生一子曰三寶，女亦
> 生一女，因住母家，遂聯名曰四寶，其生也同年同月，
> 差數日耳。姑嫂互相抱攜，互相乳哺，襁褓中已結婚
> 姻。三寶四寶又甚相愛，稍長即跬步不離，小家不知
> 別嫌疑，於二兒嬉戲時，每指曰：「此汝夫，此汝婦
> 也。」二兒雖不知為何語，然聞之則已穩矣。七八歲
> 外，稍稍解事，然俱隨二牛之母同臥起，不相避忌。
> 會康熙辛丑，至雍正癸卯，歲屢歉，錦夫婦並歿。曹
> 寧先流轉至京師，貧不自存，質四寶於陳郎中家，（不
> 知其名，惟知為江南人。）二牛繼至，會郎中求館僮，
> 亦質三寶於其家，而誡勿言與四寶為夫婦。郎中家法
> 嚴，每笞四寶，三寶必暗泣；笞三寶，四寶亦然。郎

---

149 〈灤陽續錄〉卷五，前揭書，頁 555。

中疑之，轉質四寶於鄭氏，（或云即貂皮鄭也。）而逐三寶。三寶仍投舊媒媼，又引與一家為館僮，久而微聞四寶所在，乃夤緣入鄭氏家。數日後得見四寶，相持痛哭，時已十三四矣。鄭氏怪之，則詭以兄妹相逢對，鄭氏以其名行第相連，遂不疑。然內外隔絕，僅出入時相與目成而已。後歲稔，二牛、曹寧並赴京贖子女，輾轉尋訪至鄭氏，鄭氏始知其本夫婦。意甚憫惻，欲助之合卺，而仍留服役。其館師嚴某，講學家也，不知古今事異，昌言排斥，曰：「中表為婚禮所禁，亦律所禁，違之且有大誅。主人意雖善，然我輩讀書人，當以風化為己任，見悖理亂倫而不沮，是成人之惡，非君子也。」以去就力爭。鄭氏故良懦，二牛、曹寧亦鄉愚，聞違法罪重，皆懾而止。後四寶鬻為選人妾，不數月病卒。三寶發狂走出，莫知所終。或曰：「四寶雖被迫脅去，然毀容哭泣，實未與選人共房幃，惜不知其詳耳。」果其如是，則是二人者，天上人間，會當相見，定非一瞑不視者矣。惟嚴某作此惡業，不知何心？亦不知其究竟？然神理昭昭，當無善報，或又曰：「是非泥古，亦非好名，殆覬覦四寶，欲以自侍耳。」若然，則地獄之設，正為斯人矣。[150]

　　紀昀的「則是二人者，天上人間，會當相見」，流露出對這對苦命鴛鴦，無限的同情。並對嚴某所為，極為憤慨，譴責其「作此惡業，不知何心？亦不知其究竟？然神理昭昭，

150　〈姑妄聽之〉卷一，前揭書，頁378-379。

當無善報」，痛恨之情，溢於言表。而嚴某如果並非是死守禮法，而是包藏私心「覬覦四寶，欲以自侍」，紀昀更憤恨到詛咒嚴某「地獄之設，正爲斯人矣」。

　　有時時勢所迫而不得已違背禮法，紀昀也能不拘於陳規陋習，不像講學家般死守禮法，加以深責。從下面故事中，看到了紀昀寬容豁達的處世態度和開明的思想，採取了更靈活的態度，展現出同情、理解和包容，在此也看到紀昀對講學家以禮苛察的不滿：

> 吳惠叔言太湖有漁戶嫁女者，舟至波心，風浪陡作，舵師失措，已欹仄欲沈，眾皆相抱哭，突新婦破簾出，一手把舵，一手牽篷索，折搶飛行，直抵婿家，吉時猶未過也，洞庭人傳以奇。或有以越禮譏者，惠叔曰：「此本漁戶女，日日船頭持篙櫓，不能責以必爲宋伯姬也。」又聞吾郡有焦氏女，不記何縣人，已受聘矣，有謀爲媵者，中以蜚語，婿家欲離婚，父訟於官，而謀者陷阱已深，非惟證佐鑿鑿，且有自承爲所歡者，女見事急，竟倩鄰媼導至婿家，升堂拜姑曰：「女非婦比，貞不貞有明證也。兒與其獻醜與官媒，仍爲所誣，不如獻醜於母前。」遂闔戶弛服請姑驗，訟立解，此較操舟之新婦更越禮矣。然危急存亡之時，有不得不如是者，講學家動以一死責人，非通論也。[151]

　　故事中的新嫁娘能免去船難，救了一船人性命；另一未嫁而見謗之女，請其姑驗其貞操而挽救了婚姻，都是「危急

151　〈槐西雜志〉卷三，前揭書，頁308。

存亡之時，有不得不如是者」，此時卻「有以越禮譏者」，
足見「講學家動以一死責人」的苛責真是不近人情。

另外，在情與理衝突時，可以看出紀昀的人道主義是佔
了上風，他不像理學家把情與禮、理與慾對立起來，應該是
像原始儒家在強調秩序和規範的 "禮" 時，也能兼顧與承認
"情" 的存在[152]，依據客觀情形，實際靈活處理而不拘泥於
禮。所以辛彤甫先生應該是講出他的看法，所以才在篇末加
以引述：

> 天下事，情理而已，然情理有時而互妨。里有姑虐其
> 養媳者，慘酷無人理。遁歸母家，母憐而匿別所，詭
> 云未見，因涉訟。姑以朱老與比鄰，當見其來往，引
> 為證。朱私念，言女已歸，則驅人就死；言女未歸，
> 則助人離婚。疑不能決，乞簽於神。舉筒屢搖，簽不
> 出。奮力再搖，簽乃全出，是神亦不能決也。辛彤甫
> 先生聞之曰：「神殊憒憒！十歲幼女，而日日加炮烙，
> 恩義絕矣。聽其逃死不為過。」[153]

2.講學家崖岸過峻，失去聖賢與人為善之意。

紀昀秉持著聖人與人為善之教，因此為人處世講求的是
寬容、寬厚，他在《閱微草堂筆記》中曾引述神明[154]或冥官

---

152 《禮記·檀弓上》：子路曰：「吾聞諸夫子：喪禮，與其哀不足而禮有
　餘也，不若禮不足而哀有餘也。祭禮，與其敬不足而禮有餘也，不若禮
　不足而敬有餘也。」，《禮記今註今譯》上冊，王夢鷗，台灣商務印書
　館，1984，頁 113。
153 〈姑妄聽之〉卷二，前揭書，頁 405。
154 「一神曰：『風俗日偷，神道亦與人為善，陰律孝婦延一紀，此二婦減
　半可也。』」〈如是我聞〉卷二，前揭書，頁 160。這種功過相抵的作
　法，有著勉勵人積極改過遷善的作用，避免人們一朝失足，而遂生自暴
　自棄之心。

之口表達他的看法：

> 聖人之立教，欲人為善而已。其不能為者，則誘掖以
> 成之；不肯為者，則驅策以迫之，於是乎刑賞生焉。
> 能因慕賞而為善，聖人但與其善，必不責其為求賞而
> 然也。能因畏刑而為善，聖人亦與其善，必不責其為
> 避刑而然也。[155]

> 陰律如《春秋》責備賢者，而與人為善，君子偏執害
> 事，亦錄以為過，小人有一事利人，亦必予以小善報，
> 世人未明此義，故多疑因果或爽耳。[156]

所以對於性行兀傲嚴峻的講學家，其拘迂不近人情的行
徑，紀昀往往藉著一則則的事件，加以揭露，如〈槐西雜志〉
卷二中就對粗材而好講文藝者，講學家往往譏諷而不肯提攜
賜教，批評是未明瞭孔子當年接見互鄉闕黨二童子的用心：

> 安中寬言：「有人獨行林莽間，遇二人，似是文士，
> 吟哦而行，一人懷中落一書冊，此人拾得，字甚拙澀，
> 波磔皆不甚具，僅可辨識。其中或符籙，或藥方，或
> 人家春聯，紛糅無緒，亦間有經書古文詩句，展閱未
> 竟，二人遽追來奪去，倏忽不見，疑為狐魅。一紙條
> 飛落草間，俟其去遠，覓得之，上有字曰：『詩經於
> 字皆音烏，易經無字左邊無點。』」余謂此借言粗材
> 之好講文藝者也，然能刻意於是，不愈於飲博遊冶
> 乎？使讀書人能獎勵之，其中必有所成就。乃薄而揮
> 之，斥而笑之，是未思聖人之待互鄉闕黨二童子也。

---

155 〈灤陽消夏錄〉卷二，前揭書，頁38。
156 〈灤陽消夏錄〉卷二，前揭書，頁35。

講學家崖岸過峻，使人甘於自暴棄，皆自沽己名，視
世道人心如膜外耳。[157]

　　而他又藉著三則再醮之婦的故事，表達對講學家持論務
嚴，不能與人為善的不滿。一則是因家貧而改嫁，以延宗祀；
兩則是家貧不得已而改嫁，但能終養其舅姑，紀昀認為君子
與人為善，應不沒其寸長，而不該嚴詞責其墮節：

> 司庖楊媼言其鄉某甲將死，囑其婦曰：「我生無餘資，
> 身後汝母子必凍餓。四世單傳，存此幼子。今與汝約：
> 不拘何人，能為我撫孤則嫁之，亦不限服制月日，食
> 盡則行。」囑訖，閉目不更言，惟呻吟待盡。越半日，
> 乃絕。有某乙聞其有色，遣媒妁請如約。婦雖許婚，
> 以尚足自活，不忍行。數月後，不能舉火，乃成禮……
> 程子謂餓死事小，失節事大。是誠千古之正理，然為
> 一身言之耳。此婦甘辱一身，以延宗祀，所全者大，
> 似又當別論矣。楊媼能舉其姓氏里居，以碎璧歸趙，
> 究非完美，隱而不書，憫其遇，悲其志，為賢者諱也。
> 又吾鄉有再醮故夫之三從表弟者，兩家所居，距一牛
> 鳴地。嫁後，仍以親串禮回視其姑，三數日必一來問
> 起居，且時有贍助，姑賴以活，歿後出斂葬，歲恆遣
> 人祀其墓。又京師一婦少寡，雖頗有姿色，而針黹烹
> 飪，皆非所能，乃謀於翁姑，偽稱室女，鬻為宦家妾，
> 竟養翁姑終身，是皆墮節之婦，原不足稱，然不忘舊
> 恩，亦足勵薄俗。君子與人為善，固應不沒其寸長，

> 講學家持論務嚴，遂使一時失足者，無路自贖，反甘
> 心於自棄，非教人補過之道也。[158]

另有一則是因為歲荒，不得已鬻為學使妾，當得知故夫病死，也隨之墮樓而亡，紀昀認為不必以《春秋》大義，責不讀書之兒女，失卻與人為善之道：

> 余督學閩中時，院吏言雍正中學使有一姬墮樓死，不
> 聞有他故，以為偶失足也。久而有洩其事者曰：「姬
> 本山東人，年十四五，嫁一篦人子數月矣，夫婦甚相
> 得，形影不離。會歲飢不能自活，其姑賣諸販鬻婦女
> 者，與其夫相抱泣徹夜，齧臂為誌而別。夫念之不置，
> 沿途乞食，兼程追及販鬻者，潛隨至京師，時於車中
> 一覿面，幼年怯懦，懼遭訶詈，不敢近，相視揮淚而
> 已。既入官媒家，時時候於門側，偶得一睹，彼此約
> 勿死，冀天上人間約一相見也。後聞為學使所納，因
> 投身為其幕友僕，共至閩中，然內外隔絕，無由通問，
> 其婦不知也。一日病死，婦聞婢嫗道其姓名籍貫形狀
> 年齡始知之，時方坐筆捧樓上，凝立良久，忽對眾備
> 言始末，長號數聲，奮身投下死。學使諱言之，故
> 事不傳，然實無可諱也。」大抵女子殉夫，其故有二：
> 一則揕住綱常，寧死不辱，此本乎禮教者也；一則忍
> 恥偷生，苟延一息，冀樂昌破鏡，再得重圓，至望絕
> 勢窮，然後一死以明志，此生於情感者也。此女不死
> 於販鬻之手，不死於媒氏之家，至玉玷花殘，得故夫

---

158 〈灤陽續錄〉卷一，前揭書，頁505。

凶問而後死，誠為太晚，然其死志則久矣。特私愛纏
綿，不能自割，在其意中，固不以當死不死，為負夫
之恩，直以可待不待，為辜夫之望，哀其遇，悲其志，
惜其用情之誤，則可矣。必執《春秋》大義，責不讀
書之兒女，豈與人為善之道哉？[159]

　　從這些評論，可以看出紀昀對講學家苛刻不近人情的不
滿，也看出紀昀為人處世講求寬容、與人為善的態度。正因
為紀昀不滿講學家苛刻不近人情的言論，所以在《閱微草堂
筆記》中有位崖岸太甚，動輒以不情之論責人的講學家，就
成了紀昀揶揄的對象：

董曲江言一儒生頗講學，平日亦循謹無過失，然崖岸
太甚，動以不情之論責人。友人於五月釋服，七月欲
納妾，此生抵以書曰：「終制未三月而納妾，知其蓄
志久矣。《春秋》誅心，魯文公雖不喪娶，猶喪娶也。
朋友規過之義，不敢以不告，其何以教我！」其持論
大抵類此。一日，其婦歸寧，約某日返，乃先期一日，
怪而詰之，曰：「吾誤以為月小也。」亦不為訝。次
日，又一婦至，大駭愕，覓昨婦，已失所在矣。然自
是日漸尪羸，因以成癆，蓋狐女假形攝其精，一夕所
耗已多也。前納妾者聞之，亦抵以書曰：「夫婦居室，
不能謂之不正也，狐魅假形，亦非意料之所及也。然
一夕而大損真元，非恣情縱欲不至是，無乃燕昵之
私，尚有不節以禮者乎？且妖不勝德，古之訓也。周、

張、程、朱，不聞曾有遇魅事，而此魅公然犯函丈，無乃先生之德，尚有所不足乎？先生賢者也，責備賢者，《春秋》法也；朋友規過之義，不敢不以告先生，其何以教我！」此生得書，但力辯實無此事，里人造言而已。宋清遠先生聞之曰：「此所謂以子之矛，陷子之盾。」[160]

透過紀昀的描繪，講學家好以不情之論責人的形象，就鮮明地躍然紙上。但他後來也被人「以子之矛攻子之盾」，責備了一番，可見苛求別人容易，自己身體力行卻難。

3.講學家曲解孔子《春秋》筆削之意，好以《春秋》責備賢者之意來責全求備，造成講學家責人無已時之弊。

在〈槐西雜志〉卷二中記載一位丐婦抱兒扶姑渡河時，姑不幸仆倒，丐婦棄兒救姑，姑雖獲救而兒已亡，最後姑與丐婦俱傷心而亡的事：

東光有王莽河，即胡蘇河也。旱則涸，水則漲，每病涉焉。外舅馬公周籙言雍正末，有丐婦一手抱兒，一手扶病姑，涉此水行，中流姑蹶而仆，婦棄兒於水，努力負姑出，姑大詬曰：「我七十一老嫗，死何害？張氏數世，待此兒延香火，爾胡棄兒以拯我？斬祖宗之祀，爾也！」婦泣不敢語，長跪而已。越兩日，姑竟以哭孫不食死，婦嗚咽不成聲，癡坐數日，亦立槁，不知其何許人，但於其姑詈婦時，知為姓張耳。有著論者，謂兒與姑較，則姑重，姑與祖宗較，則祖宗重；

使婦或有夫，或有兄弟，則棄兒是，既兩世窮嫠，止一線之孤子，則姑所責者是，婦雖死有餘愧焉。姚安公曰：「講學家責人無已時，夫急流洶湧，稍縱即逝，豈此能深思長計者哉？勢不兩全，棄兒救姑，此天理之正，而人心之所安也，使姑死而兒存，終身寧不耿耿耶？不又有責以愛兒棄姑者耶？且兒方提抱，育不育未可知，使姑死而兒又不育，悔更何如耶？此婦所為，超出恆情已萬萬，不幸而其姑自殞，以死殉之，其亦可哀矣！猶沾沾焉而動其喙，以為精義之學，毋乃白骨銜冤，黃泉齎恨乎！孫復作《春秋尊王發微》，二百四十年內，有貶無褒；胡致堂作《讀史管見》，三代以下無完人，辯則辯矣，非吾之所欲聞也。」[161]

面對這樣的悲劇，「有著論者」尚議論著丐婦當救誰捨誰，結論竟是「婦雖死有餘愧焉」，全然不見「如得其情，則哀矜而勿喜」那種以同理心與憐憫心給予諒解包容並支持的儒者風範，真是何等地冷血的表現。也難怪紀父（紀容舒1686-1764）要抱不平，認為「此婦所為，超出恆情已萬萬，不幸而其姑自殞，以死殉之，其亦可哀矣！」而議論者猶如孫復、胡寅論人的「有貶無褒」、「三代以下無完人」[162]，

---

161 〈槐西雜志〉卷二，前揭書，頁 289-290。

162 紀父對孫復、胡寅的批評，在《四庫全書總目》和《四庫全書簡明目錄》有相同而更嚴厲的批評。《四庫全書總目》批評孫復：「謂春秋有貶無褒，大抵以深刻為主。晁公武《讀書志》載常秩之言曰：『明復為春秋，猶商鞅之法，棄灰於道者有刑，步過六尺者有誅。』蓋篤論也。而宋代諸儒喜為苛議，顧相與推之，沿波不返，遂使孔庭筆削，變為羅織之經……過於深求而反失春秋之本旨者，實自復始。……以後來說春秋者，深文鍛鍊之學，大抵用此書為根柢，故特錄存之，以著履霜之漸而具論其得

加以責難，自「以為是精義之學」，而沾沾自喜，講學家苛刻不近人情的形象，卻也在此表露無遺。

此外，紀昀並不像講學家偏執於《春秋》誅心之法，而能以更寬容的原心之法來論人論事：

> 《春秋》有原心之法，有誅心之法。青縣有人陷大辟，縣令好外寵。其子年十四五，頗秀麗，乘其赴省宿館舍，邀之於途，托言牒訴而自獻焉。獄竟解。實為孌童，人不以孌童賤之，原其心也。里有少婦與其夫狎昵無度，夫病瘵死。姑察其性佚蕩，恆自監之。眠食必共，出入必偕，五、六年未嘗離一步。竟鬱鬱以終。實為節婦，人不以節婦許之，誅其心也。余謂此童與郭六事相類，惟欠一死耳（語詳〈灤陽消夏錄〉）。此婦心不可知，而身則無玷。《大車》之詩所謂「畏子不奔，畏子不敢」者，在上猶為有刑政，則在下猶為守禮法。君子與人為善，蓋棺之後，固應仍以節許之。[163]

失如右。」（卷 26《春秋尊王發微》提要，（北京）中華書局，1997，上冊頁 336），《四庫全書簡明目錄》更嚴詞批評「謂春秋有貶無褒，遂使二百四十年中，無一善類。常秩比於商鞅之法，殆非過詆。特錄存之，著以申韓之學說春秋，自是人始也」（卷 3《春秋尊王發微》提要，上海古籍出版社，1985，頁 97）；《四庫全書總目》批評胡寅為「寅作是書，因其父說，彌用嚴苛。大抵其論人也，人人責以孔、顏、思、孟；其論事也，事事繩以虞、夏、商、周。名為存天理，遏人欲，崇王道，賤霸功，而不近人情，不揆事勢，卒至於窒礙而難行。」（卷 89《讀史管見》提要，（北京）中華書局，1997，上冊頁 1173）可以看出紀昀秉承父訓而發揮於《四庫全書總目》和《四庫全書簡明目錄》的脈絡。

163 〈姑妄聽之〉卷三，紀昀著，孫致中等校點，《紀曉嵐文集》，河北教育出版社，1991，第二冊，頁 455-456。

　　在評論這兩件事上，頗類似俗話中所說的「百行孝為先，論心不論跡，論跡寒門無孝子；萬惡淫為首，論跡不論心，論心世上無完人。」前者是論其用心，後者是論其行跡，可以看出紀昀的寬厚，不會失之苛察而不近人情。〈灤陽消夏錄〉卷一中另有兩則記載，可以看出紀昀在評論人與事上，是原心和誅心之法並用：

> 　　又去余家三四十里，有凌虐其僕夫婦死，而納其女者。女故慧黠，經營其飲食服用，事事當意。又凡可博其歡者，冶蕩狎媟，無所不至，皆竊議其忘仇。蠱惑既深，惟其言是聽，女始則導之奢華，破其產十之七八，又讒間其骨肉，使門以內如寇讎。繼乃時說《水滸傳》宋江、柴進等事，稱為英雄，慫恿之交通盜賊，卒以殺人抵法。抵法之日，女不哭其夫，而陰攜巵酒，酹其父母墓曰：「父母恆夢中魘我，意恨恨似欲擊我，今知之否耶？」人始知其蓄志報復，曰：「此女所為，非惟人不測，鬼亦不測也，機深哉！」然而不以陰險論，《春秋》原心，本不共戴天者也。[164]
> 　　董曲江言默庵先生為總漕時，署有土神馬神二祠，惟土神有配，其少子恃才兀傲，謂土神于思老翁，不應擁豔婦；馬神年少，正為嘉耦，徑移女像於馬神祠，俄眩僕不知人。默庵先生聞其事，親禱移還乃蘇。又聞河間學署，有土神亦配以女像，有訓導謂黌宮不可塑婦女，乃別建一小祠遷焉。土神憑其幼孫語曰：「汝

---

164 〈灤陽消夏錄〉卷一，前揭書，頁17。

理雖正，而心則私，正欲廣汝宅耳，吾不服也。」訓
導方侃侃談古禮，猝中其隱，大駭，乃終任不敢居是
室。二事相近，或曰：「訓導遷廟猶以禮，董瀆神甚
矣，譴當重。」余謂董少年放誕耳，訓導內挾私心，使
己有利，外假公義，使人無詞，微神發其陰謀，人尚
以為能正祀典也。《春秋》誅心，訓導譴當重於董。[165]

第一則中女子蓄志報父母不共戴天之仇，雖然心機深
沈，但原其心不以陰險論之。第二則的訓導內挾私心而外假
公義，若非神明發其陰謀，還能博得正祀典的美名，紀昀認
為誅其用心，當獲重譴。而該以原心或誅心來評論，則是以
用心善良與否來衡量[166]，如此，《春秋》論事衡人、嚴於褒
貶的筆削之意，才不會偏頗成為講學家有貶無褒、世無完人
的流弊。

《閱微草堂筆記》裡紀昀更藉著獵狐人的遭遇，來批評
講學家好以《春秋》責備賢者之意，來責全求備之弊：

李雲舉言東光有薰狐者，每載燧挾弩來往墟墓間。一
夜，伏伺之際，見一方巾襴衫人，自墓頂出，（若候
反，說文曰鬼聲也）長嘯，群狐四集，圍繞叢薄，猙
獰噪叫，齊呼捕此惡人，煮以作脯。薰狐者無路可逃，

---

165 〈灤陽消夏錄〉卷一，前揭書，頁 11。
166 在判定人心善惡上，紀昀有比現實生活上更便利之處，就是鬼神洞察人
心的能力。如「知人心微曖，鬼神皆得而窺」（〈灤陽消夏錄〉卷一，
前揭書，頁 5）、「人心一動，鬼神知之」（〈灤陽消夏錄〉卷一，前
揭書，頁 8）、「人世所為，鬼神無不知也」（〈槐西雜志〉卷一，前
揭書，頁 247），才能洞察曲折難明的人心，揭露奸慝、彰顯節義，達
到勸懲的目的。

乃攀援上高樹，方巾者指揮群狐，令鋸樹倒，即聞鋸
聲訇訇然。薰狐者窘急，俯而號曰：「如蒙見釋，不
敢再履此地。」群狐不應，鋸聲更屬，如是號再三。
方巾者曰：「果爾可設誓？」誓訖，鬼狐俱不見。此
鬼此狐，均可謂善了事矣！蓋侵擾無已，勢不得不鋌
而走險，背城借一，以群狐之力，原不難於殺一人；
然殺一人易，殺一人而激家人之怒，不焚巢犁穴不止
也。僅使知畏而縱之，姑取和焉，則後患息矣。有力
者不盡其力，乃可以養其威，屈人者使人易從，乃可
就以服。召陵之役，不責以僭王，而責以苞茅，使易
從也；屈完來盟，即旋師，不盡其力，以養威也。講
學家說《春秋》者，動議齊桓之小就，方城漢水之固，
不識可一戰勝乎？一戰而不勝，天下事尚可為乎？淮
西符離之事，吾徵諸史冊矣。[167]

　　講學家批評齊桓公伐楚是安於小就，但紀昀並不認同，
考慮到「方城漢水之固」，如果不能一戰而勝，後果就難料
了。因此「有力者不盡其力，乃可以養其威，屈人者使人易
從，乃可就以服」，才算是周全之策[168]。最後還舉了南宋抗

167　〈槐西雜志〉卷四，前揭書，頁342。
168　紀昀行事特重深思熟慮，〈如是我聞〉卷二：老儒劉挺生言東城有獵者，
　　夜半睡醒，聞窗紙淅淅作響，俄又聞窗窸窣窣聲，披衣叱問，忽答曰：「我
　　鬼也，有事求君，君勿怖。」問其何事，曰：「狐與鬼自古不並居，狐
　　所窟穴之墓，皆無鬼之墓地。我墓在村北三里許，狐乘我他往，聚族居
　　之，反驅而不得入，欲與鬥，則我本文士，必不勝。欲訟諸土神，即幸
　　而得申，彼終亦報復，又必不勝，惟得君等行獵時，或繞道半里，數過
　　其地，則彼必恐怖而他徙矣。然倘有所遇，勿遽殪獲，恐事機或洩，彼
　　又修怨於我也。」獵如其言，後夢其來謝。夫鵲巢鳩據，事理本直，然

金失敗的淮西之變、符離兵敗兩件史例，引以為戒。宋儒因為國仇家恨的緣故，特別著墨於發揮《春秋》大義，聲聲要討亂賊、復君父之仇，在主戰派張浚的主持下，不顧史浩、韓元吉、唐文若、陳俊卿等眾人的反對169，因此才有符離兵敗，不幸正如史浩的預言「願陛下審度事勢，若一失之後，恐終不得復望中原矣」，北伐成了絕響，紀昀也以此反駁講學家妄議齊桓之事。

4.講學家對貞節的要求過為嚴苛，紀昀以曲折的方式，表達他的批判。

自從理學昌盛後，明清兩代貞操觀念的嚴格，超過了歷史上的各個朝代，在《古今圖書集成》閨媛典的「閨烈」（卷45-54）、「閨節」（卷 119-128）兩部中，所收錄的烈婦、節婦事蹟，都是一則則辛酸血淚史。如果守寡出自於本人自願，當然是值得欽敬，《閱微草堂筆記》裡紀昀有多則貞節烈婦的記載，都是贏得人天鬼神的欽敬與護衛。但是紀昀也瞭解到「且夫堅苦卓絕之行，或往往過中失正，不近人情。」170，守寡撫孤箇中的辛酸，紀昀也是屢表深切的同情之意171。

力不足以勝之，則避而不爭，力足以勝之，又長慮深思，而不盡其力，不求幸勝，不求過勝，此其所以終勝歟，孱弱者遇強暴，如此鬼可矣！（前揭書，頁 170）是紀昀做事力求周全之例。

169 史浩勸宋孝宗：「願陛下審度事勢，若一失之後，恐終不得復望中原矣。」（宋史卷 396，脫脫等，台北：鼎文書局，1980，頁 3236）、陳俊卿：「然於大事欲計其萬全，俟一二年間，吾之事力稍充乃可，不敢迎合意旨誤國事。」（宋史卷 383，脫脫等，鼎文書局，1980，頁 3161）、韓元吉和唐文若皆以為不若養威觀釁，俟萬全而後動。

170 〈題姚姬傳書左墨溪事後〉，紀昀，《紀曉嵐文集》第一冊，河北教育出版社，1991，頁 257。

171 如〈旌表張母黃太孺人節孝序〉、〈書奏節婦江氏事略後〉、〈書徐節

正因紀昀瞭解到守節的艱辛不易，所以他也曾為側室守節的江氏抱不平：

> 嫡庶有別，古禮也。……然則，禮之所別，名分焉而已。至撐拄綱常，砥礪名教，庶與嫡，豈有別哉！且非僅無別已也，女之立節難於男，庶之立節尤難於嫡……呂新吾《葬禮翼》曰：「為節義而死者，雖少雖賤必祔」通儒之論，足破迂拘。節婦之事，為宜大書而特書者，可以思矣。顧自惟 "離鸞別鶴、青燈白髮" 之膚詞，不足以為節婦重。故敬書節婦之尤宜表章，以告夫好持苛禮者。[172]

他特別引經據典「為節義而死者，雖少雖賤必祔」，認為江氏雖是側室，但守節不虧，還是應該得以祔於祖墓，來還擊迂拘的「好持苛禮者」。他也曾以詩「是由局外人，身未罹煢獨，如彼飫膏粱，不知藜藿腹」[173]，來責難局外人無法體驗得到，事雖若平近的守節，其中的悲苦與淒涼，而「操苛論者」還妄議守節者「不能以奇行見」：

> 窮居陋巷之儒，已不能責之以奇行，聖門如冉伯牛，何嘗有事實可稱哉！至於婦女，非遭強暴、遘亂離，尤不能以奇行見。守節撫孤，即分內無闕事，分外無餘事矣。此其事雖若平近，然使操苛論者試設身處

婦傳後〉、〈黃烈女詩〉、〈張烈女詩〉、〈村節婦詩〉、〈汪氏雙節詩〉〈蔡貞女詩〉、〈吳烈婦詩〉等都是屢言對守節者感到酸惻、慘澹的心情（《紀曉嵐文集》第一冊，河北教育出版社，1991，頁 226、263、263、478、479、497、517、545、546）。

172　〈書奏節婦江氏事略後〉，前揭書，第一冊，頁 263。
173　〈汪氏雙節詩〉，前揭書，第一冊，頁 517。

地，果易乎?難乎?[174]

在紀昀看來，「烈易而節難」[175]，「蓋烈婦或激於一時，節婦非素有定志，必不能飲冰茹蘗數十年」[176]，我們於此看到這些「好持苛禮者」、「操苛論者」對守節者的苛議，是一幅多鮮明不近人情的形象啊！

紀昀雖然也是表彰烈女貞婦，但他並非和苛刻不近人情的道學先生一樣，動輒板著面孔要求寡婦守節、殉節。他甚至更對明人歸有光所鼓吹的未婚守節提出尖銳的質疑：「青娥初畫悵離鸞，白首孤燈事亦難。何事前朝歸太僕，儒門法律似申韓」[177]，和講學家嚴酷的態度比起來，他還是比較通達近人情的。我們從〈槐西雜志〉的故事中，可以知道他是認同「人非草木，豈得無情」，理性地承認了"人欲"的存在，重點是要「禮不可逾，義不可負，能自制不行耳」：

> 交河一節婦建坊，親串畢集。有表姊妹自幼相謔者，戲問曰：「汝今白首完貞矣。不知此四十餘年中，花朝月夕，曾一動心否乎?」節婦曰：「人非草木，豈得無情。但覺禮不可逾，義不可負，能自制不行耳。」一日，清明祭掃畢，忽似昏眩，喃喃作囈語。扶掖歸，至夜乃蘇，顧其子曰：「頃恍惚見汝父，言不久相迎，且勞慰甚至。言人世所為，鬼神無不知也。幸我平生無瑕玷，否則黃泉會晤，以何面目相對哉！」越半載，

174 〈書徐節婦傳後〉，前揭書，頁 517。
175 見〈旌表張母黃太孺人節孝序〉，前揭書，第一冊，頁 226。
176 〈槐西雜志〉卷三，紀昀著，孫致中等校點，《紀曉嵐文集》第二冊《閱微草堂筆記》，河北教育出版社，1991，頁 311。
177 〈蔡貞女詩〉《紀曉嵐文集》，河北教育出版社，1991，第一冊，頁 545。

果卒。此王孝廉梅序所言，梅序論之曰：「佛戒意惡，是剗除根本工夫，非上流人不能也。常人膠膠擾擾，何念不生？但有所畏而不敢為，抑亦賢矣。此婦子孫，頗諱此語。余亦不敢舉其氏族。然其言光明磊落，如白日青天，所謂皎然不自欺也，又何必諱之！」[178]

如同《禮記・禮運篇》中所說的「飲食男女，人之大欲存焉」，要求守節幾十年的寡婦，始終心如枯井，波瀾不生，豈「非上流人不能也」，但是紀昀認為內心中感受到"情"的存在並不可怕，關鍵是以「禮」抑「情」，能自制不發生越軌的行為[179]，所以此婦子孫又何必隱諱此語！

紀昀雖然表揚烈女貞婦，但《閱微草堂筆記》中記載一則再嫁之婦，不為前夫守節，而為後夫守節，點出了婚姻與愛情的關係，守不守節，他認為要以夫妻之間的感情為前提的，比起講學家無條件的要求守節，紀昀的觀念已是大膽而且開通得許多：

滄州醫者張作霖言其鄉有少婦，夫死未週歲輒嫁，越兩歲，後夫又死，乃誓不再適，竟守志終身。嘗問一鄰婦病，鄰婦忽瞑目作其前夫語曰：「爾甘為某守，不為我守，何也？」少婦毅然對曰：「爾不自反，乃敢咎人耶？」鬼竟語塞而退。此與蘭陵公主事相類，蓋亦豫讓眾人遇我，眾人報之，國士遇我，國士報之

<hr />

178　〈槐西雜志〉卷一，紀昀著，孫致中等校點，《紀曉嵐文集》第二冊《閱微草堂筆記》，河北教育出版社，1991，頁247。

179　這點看法和胡仔「若戒之則誠難，節之則為易，乃近於人情也」（《苕溪漁隱叢話後集》卷31，木鐸出版社，1982，頁233）頗為相近。

之意也。[180]

　　紀昀能重視婚姻中夫妻的感情問題，用寬容的態度來看待守節的問題，和得到師長的教誨有極大的關係，少年時的紀昀曾聽聞一則故事：

> 有遊士以書畫自給，在京師納一妾，甚愛之，或遇讌會，必袖果餌以貽，妾亦甚相得。無何病革，語妾曰：「吾無家，汝無歸，吾無親屬，汝無依。吾以筆墨為活，吾死汝琵琶別抱，勢也，亦理也。吾無遺債累汝，汝亦無父母兄弟掣肘，得行己志，可勿受錙銖聘金，但與約歲時許汝祭我墓，則吾無恨矣。」妾泣受教，納之者，亦如約，又甚愛之，然妾恆鬱鬱憶舊恩，夜必夢故夫同枕席，睡中或妮妮囈語。夫覺之，密延術士，鎮以符籙，夢語止，而病漸作，馴至綿惙。臨歿，以額叩枕曰：「故人情重實不能忘，君所深知，妾亦不諱，昨夜又見夢曰：『久被驅遣，今得再來，汝病如是，何不同歸？』已諾之矣，能邀格外之惠，還妾

180　〈槐西雜志〉卷一，前揭書，頁 240-241。同卷另一則故事，也是以同情心來看待未能守節者：某公納一妾，姿采秀麗，言笑亦婉媚，善得人意。然獨立時凝然若有思，覰見亦不訝也。一日，稱有疾，鍵戶晝臥，某公穴窗紙窺之，則塗脂傅粉，釵釧衫裙，一一整飾，然後陳設酒果，若有所祀者。排闥入問，姬蹵然斂衽跪曰：「妾故某翰林之寵婢也，翰林將歿，度夫人必不相容，慮或鬻入青樓，乃先遣出，臨別切切私囑曰：『汝嫁我不恨，嫁而得所，我更慰，惟逢我忌日，汝必於密室靚妝，私祭我，我魂若來，以香煙繞汝為驗也。』」某公曰：「徐鉉不負李後主，宋主弗罪也，吾何妨聽汝。」姬再拜炷香，淚落入俎。煙果裊裊然三繞其頰，漸蜿蜒繞至足。溫庭筠《達摩支曲》曰：「搗麝成塵香不滅，拗蓮作寸絲難絕」此之謂歟！雖琵琶別抱，已負舊恩，然身去而心留，不猶愈於同床各夢哉！前揭書，頁 246-247。

屍於彼墓，當生生世世，結草銜環，不情之請，惟君
圖之。」語訖奄然。夫豪士，慨然曰：「魂已往矣，
留此遺蛻何為？楊越公能合樂昌之鏡，吾不能合之泉
下乎？」竟如所請。此雍正甲寅乙卯間事，余時年十
一，聞人述之，而忘其姓名。[181]

　　紀昀對此事的看法是「余謂再嫁，負故夫，嫁而有貳心，
負後夫也，此婦進退無據焉。」而一位師長「何子山先生亦
曰：『憶而死，何如殉而死乎？』」，顯然紀昀當時的看法
並不如後來的寬厚，而何子山所言也有些苛刻，倒是另一位
師長「何勵庵先生則曰：『《春秋》責備賢者，未可以士大
夫之義，律兒女子，哀其愚可也，憫其志可也。』」，提出和
紀昀、何子山不同的看法，少了嚴詞責難，而多了些憐憫之
心。事過多年，晚年的紀昀回想起此事，不諱言年少時評論
「此婦進退無據」，倒是以何勵庵的話做為定論，大概這番
教誨深深地影響了紀昀，所以隨著歲月增長，人事歷練增多，
紀昀看待這類守節之事已能藉小人物之口說出「婦再嫁常
事，娶再嫁婦亦常事」[182]這樣的話來。我們且看日後紀昀再
聽到類似情節的事時，他的評論已是像何勵庵一樣的看法，
寬容地說出「哀其遇，悲其志，惜其用情之誤，則可矣。必
執《春秋》大義，責不讀書之兒女，豈與人為善之道哉？」[183]、
「憫其遇，悲其志」這樣的話來：

　　　　司庖楊媼言其鄉某甲，將死，囑其婦曰：「我生無餘

181　〈灤陽消夏錄〉卷二，前揭書，頁 26-27。
182　〈槐西雜志〉卷四，前揭書，頁 354。
183　〈槐西雜志〉卷二，前揭書，頁 281-282。

貲，身後汝母子必凍餓，四世單傳，存此幼子，今與汝約，不拘何人，能為我撫孤則嫁之，亦不限服制月日，食盡則行。」囑訖，閉目不更言，惟呻吟待盡，越半日，乃絕。有某乙聞其有色，遣媒妁請如約，婦雖許婚，以尚足自活不忍行。數月後，不能舉火，乃成禮，合巹之後，已滅燭就枕，忽問窗外嘆息聲，婦識其謦欬，知為故夫之魂，隔窗嗚咽語之曰：「君有遺言，非我私嫁，今夕之事，於勢不得不然，君何以為祟？」魂亦嗚咽曰：「吾自來視兒，非來祟汝，因聞汝啜泣卸妝，念貧故，使汝至於此，心脾悽動，不覺喟然耳。」某乙悸甚，急披衣而起曰：「自今以往，所不視君子如子者有如日。」靈語遂寂。後某乙耽玩豔妻，足不出戶，而婦恆悁悁如有失，某乙倍愛其子以媚之，乃稍稍笑語。七八載後，某乙病死無子，亦別無親屬，婦據其貲延師教子，竟得游泮，又為納婦，生兩孫。至婦年四十餘，忽夢故夫曰：「我自隨汝來，未曾離此，因吾子事事得所，汝雖日與彼狎暱，而念念不忘我，燈前月下，背人彈淚，我見之，故不欲稍露形聲，驚爾母子。今彼已轉輪，汝壽已盡，餘情未斷，當隨我同歸也。」數日，果微疾，以夢告其子，不肯服藥，荏苒遂卒。其子奉棺合葬於故夫，從其志也。程子謂「餓死事小，失節事大」，是誠千古之正理，然為一身言之耳，此婦甘辱一身以延宗祠，所全者大，似又當別論矣。楊媼能舉其姓氏里居，以碎璧歸趙，究非完美。隱而不書，憫其遇，悲其志，為賢

者譚也。[184]

　　不僅如此，他對一樁婚外情，並沒有以禮教的名義大加
撻伐，但是並非否認禮法對於社會秩序的必要，因此外遇者
受到了冥罰。而對外遇者的苦戀，紀昀又寄予深切的同情，
為此他還寫了一首詩：

　　余在烏魯木齊時，一日，報軍校王某，差運伊犂軍械，
　　其妻獨處。今日過午，門不啟，呼之不應，當有他故。
　　因檄迪化同知木金泰往勘，破扉而入，則男女二人共
　　枕臥，裸體相抱，皆剖裂其腹死。男子不知何自來，
　　亦無識者。研問鄰里，茫無端緒，擬以疑獄結矣。是
　　夕，女屍忽呻吟，守者驚視，已復生，越日能言。自
　　供與是人幼相愛，既嫁猶私會。後隨夫駐防西域，是
　　人念之不釋，復尋訪而來，甫至門，即引入室，故鄰
　　里皆未覺。慮暫會終離，遂相約同死，受刃時痛極昏
　　迷，倏如夢覺，則魂已離體。急覓是人，不知何往。
　　惟獨立沙磧中，白草黃雲，四無邊際。正彷徨間，為
　　一鬼縛去。至一官府，甚見詰辱。云：「是雖無恥，
　　命尚未終。」叱杖一百，驅之返。杖乃鐵鑄，不勝楚
　　毒，復暈絕。及漸蘇，則回生矣。視其股，果杖痕重
　　疊。駐防大臣巴公曰：「是已受冥罰，姦罪可勿重科
　　矣。」余〈烏魯木齊雜詩〉有曰：「鴛鴦畢竟不雙飛，
　　天上人間舊願違。白草蕭蕭埋旅櫬，一生腸斷華山
　　畿。」即詠此事也。[185]

184　〈灤陽續錄〉卷一，前揭書，頁 504-505。
185　〈灤陽消夏錄〉卷五，前揭書，頁 95-96。

　　在紀昀所處的時代，愛情是無法淩駕於禮法之上，許多人如同故事中的外遇者，相愛卻無法相守，而必須守著沒有感情的婚姻生活。紀昀不像戴震激動地直接控訴以理殺人[186]，他是曲折地透過《閱微草堂筆記》中一則則的故事，來喚醒禮法中的人情，如魯迅所說的「且於不情之論，世間習而不察者，亦每設疑難，揭其拘迂」[187]、「他生在乾隆間法紀最嚴的時代，竟敢借文章以攻擊社會上不通的禮法、荒謬的習俗，以當時的眼光看去，真算得很有魄力的一個人。」[188]，紀昀不是反對禮法，他攻擊的是「不通的禮法、荒謬的習俗」，希望在遵循禮法時，又能兼顧人情，否則「必激而蕩於禮法外矣」[189]，如同故事中的外遇者，如果婚姻一開始能顧及到當事人的感情，豈不是能避免日後悲劇的發生。

　　關於貞節的問題，紀昀在禮部尚書任內（1803 年），上了一道摺子〈請敕下大學士九卿科道詳議旌表例案摺子〉[190]，是要為「猝遭強暴，力不能支，捆縛捺抑，竟被姦汙者」「例不旌表」不近人情的規定翻案，因為一個孱弱女子，面對歹徒的強暴，往往無能為力。「譬如忠臣烈士，誓不從賊，而

186　戴震：〈與某書〉「嗚呼！今之人其亦弗思矣！聖人之道，使天下無不達之情，求遂其欲，而天下治。後儒不知『情之至於纖微無憾』是謂理，而其所謂理者，同於酷吏之所謂法。酷吏以法殺人，後儒以理殺人，浸浸乎舍法而論理。死矣，更無可救矣！」（《戴震全書》第六冊《戴震文集》，合肥市：黃山書社，1995 年），頁 496。

187　《中國小說史略》第 22 章，魯迅，上海古籍出版社，2006，頁 139。

188　魯迅：《魯迅學術論著》之《中國小說的歷史的變遷》第六講，（浙江人民出版社，1998 年），頁 241。

189　紀昀：〈伯兄晴湖公墓誌銘〉，《紀曉嵐文集》第一冊（河北教育出版社，1991 年），頁 379。

190　前揭書，頁 89。

四體縶縛，眾手把持，強使跪拜，可謂之屈膝賊庭哉？」因身爲禮部的長官，負有旌表的職責，「每遇此等案件，不敢不照例核辦。而揆情度理，於心終覺不安」，他提請皇上將此事交大學士九卿科道評議，對於不屈見戕的婦女「量予旌表」，這個奏議得到了嘉慶皇帝的允准。事實上這事的動機，紀昀在《閱微草堂筆記》中早已有一則藉著冤魂之口，痛訴制度不合理的故事，已經可以看見端倪：

> 許南金先生言康熙乙未，過阜城之漫河，夏雨泥濘，馬疲不進，息路旁樹下，坐而假寐。恍惚見女子拜，言曰：「妾黃保寧妻湯氏也，在此為強暴所逼，以死捍拒，卒被數刃而死。官雖捕賊駢誅，然以妾已被汙，竟不旌表。冥官哀其貞烈，俾居此地，為橫死諸魂長，今四十餘年矣。夫異鄉丐婦，踽踽獨行，猝遇三健男子執縛於樹，肆行淫毒，除罵賊求死，別無他術，其齧齒受玷，由力不敵，非節之不固也，司讞者苛責無已，不亦冤乎？公狀貌似儒者，當必明理，乞為白之。」夢中猶詢其里居，霍然已醒，後問阜城士大夫無知其事者，問諸老吏亦不得其案牘，蓋當時不以為烈婦，湮沒久矣。[191]

這是紀昀早年聽到師長所說的故事，雖然日深歲久，但紀昀幸能在其逝世前兩年，對不合理的制度提出糾正。這種作法雖然不能從根本上解決講學家對貞節要求過爲嚴苛的問題，但可以看到紀昀內心深處細膩的人情味和寬厚仁愛的爲

---

191 〈如是我聞〉卷一，前揭書，頁 130-131。

政思想，同時也以曲折的方式，表達了他的批判。

　　這種功過相抵的作法，有著勉勵人積極改過遷善的作用，避免人們一朝失足，遂生自暴自棄之心。

結　　論

　　紀昀既是有名的學者也是出色的文學家，熟讀儒家經典的他自然會有淑世濟民的思想，但因為在學術上，紀昀從 50 歲的壯年，直至 72 歲的晚年，心力盡瘁於編纂《四庫全書》及撰寫《四庫全書總目》，兩者耗費了紀昀 22 年歲月的精神與心力，隨著歲月增長、精神日頹，極為耗費心力的治經訓典著作，恐怕已是紀昀難以負荷的工作了，所以他選擇撰寫能於退值之餘連綴成書的筆記小說，也是順理成章之事。而編纂《四庫全書》後，對紀昀了影響是讓他說出「今年將八十，轉瑟縮不敢著一語，平生吟稿亦不敢自存，蓋閱歷漸深，檢點得意之作，大抵古人所已道；其馳騁自喜，又往往皆古人所撝呵」這樣的話。筆者認為正是因為編纂《四庫全書》讓紀昀得以飽覽群書，也因此讓紀昀認為舊體已難出新意，故遁而作他體，於是晚年才致力於《閱微草堂筆記》的創作上。除了晚年精神體力、編纂《四庫全書》的因素外，紀昀選了以小說彰善癉惡勸懲的方式，來達到勸民為善淑世的目的，應該是小說在達到在淑世的目的上，較學術著作來的便捷、直接、有效。紀昀的淑世理念出自於他經世致用的實學精神，紀昀基於這樣的理念，選擇了小說創作，是因為當時的漢、宋儒學在紀昀看來，都有其侷限，因此讓他不從事

學術著作，而以此方式來追求達到淑世的目的。所以在《閱微草堂筆記》中，我們可以看到一則則對漢宋學之弊，描寫的故事，從他對儒者形象的刻畫看來，不論是對理學淪爲講章時文的不滿，因此加以揶揄；或是對儒者陷入訓詁泥淖的譏諷，這些食古不化，成爲迂腐的學究，紀昀不論其爲漢學、宋學，一律藉著鬼狐之口痛加抨擊和諷刺，尤其是理學對當時社會人心的禁錮，更是遭到紀昀的譏諷與批判，這也是紀昀挽沉溺人心淑世的做法，可惜這樣的描寫卻爲人所忽略，以致連帶著對紀昀的治學趨向也產生誤解。

　　既然當時的漢、宋儒學在經世致用上有其侷限，讓紀昀遁而作《閱微草堂筆記》的小說創作，所以紀昀稱道靈異、張揚鬼神，欲托鬼狐以抒其淑世的理想。他先從經驗法則下的鬼神觀證明鬼神之不誣，繼而透過儒釋道互補的主張、重視先王神道設教之用心、對朱子鬼神觀的回應與釐清，來達到神道設教以淑世濟民的目的。他一方面破除當時講學家不合人情之論，如對遵守禮法的僵化，造成不近人情、不揆事勢，動輒以禮苛責的弊病；講學家崖岸過峻，失去聖賢與人爲善之意；講學家曲解孔子《春秋》筆削之意，好以《春秋》責備賢者之意來責全求備，造成講學家責人無已時之弊；講學家對貞節的要求過爲嚴苛。紀昀以曲折的方式，揭其拘迂，表達他的批判。一方面又極力強調因果報應之說，以達勸懲淑世之效，他強調要忠君愛國、以孝事親、守貞戒淫、見義勇爲、爲官之道、主僕相處之道等等，在在都是對社會人心起了積極維護的作用。因此在清朝即有《紀氏嘉言》摘錄《閱微草堂筆記》部分勸懲篇章成書，至今台灣地區也還有視爲

善書的《紀文達公筆記摘要》在刊行，就說明了紀昀以神道設教，達勸懲淑世之效的用意，是有其成效。

　　其實，紀昀編纂《四庫全書》及撰寫《四庫全書總目》就足以讓其留名後世傳世不朽了，但他還想實踐讀書人淑世的理想抱負，於是在其晚年將其豐富的人生閱歷與智慧，透過一則則鬼狐的故事，來破除世人錯誤的觀念導之以正，藉著神道設教因果報應之說，來勸人為善進而形成一種好的道德風尚。當讀者通過閱讀《閱微草堂筆記》，更加明確了遵守綱常倫理的重要性，增強了社會道德的責任感，自覺自發地修善積德，防惡止非，在嚴格要求自己的同時，也建立起了良好的社會秩序。紀昀以因果報應之說發揮警示教化的作用，其勸懲的對象，遍及各種身分、地位、關係之人們，在這些故事中，紀昀不斷地從儒家修身內省的德性角度，來強化因果報應的道德功能。在勸導人們棄惡從善、避禍獲幅的同時，仍不失修身、齊家、治國一體的儒學的理念，紀昀《閱微草堂筆記》的創作，可以說是確實達到他傳世與淑世的目標了。

主要參考書目

（依引用先後排列）

紀昀：《閱微草堂筆記》，（河北省：河北教育出版社），
　　1991年。

汪德鉞：《四一居士文抄》，《稀見清人別集叢刊》第12
　　冊，廣西師範大學出版社，2007年。

吳晗輯：《朝鮮王朝實錄抄中國史料》，（北京：中華書局），
　　1980年。

李宗昉：《聞妙香室文集》，清道光十五年刊本。

徐世昌：《大清畿輔先哲傳》，（北京：古籍出版社），1993
　　年。

歷代學人：《筆記小說大觀》，（江蘇：廣陵古籍刻印社），
　　1983年。

魯迅：《中國小說史略》，（上海：上海古籍出版社），2006
　　年。

譚正璧：《中國文學史》，（台北：莊嚴出版社），1982年。

梁恭辰：《北東園筆錄初編》，收入《筆記小說大觀》第29
　　冊，（江蘇：廣陵古籍出版社），1983年。

續修四庫全書編纂委員會：《續修四庫全書》，（上海：上

海古籍出版社），2002 年。

皮錫瑞：《經學歷史》，（台北：鳴宇出版社），1980 年。

曾紀剛：《四庫全書》之纂修與清初崇實思潮之關係研究
　　── 以經史二部爲主的觀察，（台北：花木蘭文化工作
　　坊），2005 年。

韓非：《韓非子》，（台北：古籍出版社），1996 年。

紀昀等：《四庫全書總目》，（北京：中華書局），1997 年。

陳澧：《東塾讀書記（外一種）》，（北京：三聯書店），
　　1998 年。

章梫：《康熙政要》，（北京：中共中央黨校出版社），1994
　　年。

陳確：《陳確集》，（北京：中華書局），1979 年。

張履祥：《楊園先生全集》，清同治十年江蘇書局刻本。

梁啓超：《清代學術概論》，（台北：水牛出版社），1981 年。

錢儀吉纂：《碑傳集》，（北京：中華書局），1993 年。

余英時：《論戴震與章學誠》，（台北：華世書局），1980 年。

周積明：《紀昀評傳》，（南京：南京大學出版社），1997 年。

徐世昌：《清儒學案》，（台北：世界書局），1962 年。

曾國藩：《曾國藩全集》，（湖南：岳麓書社），1986 年。

黎靖德編：《朱子語類》，（北京：中華書局），2004 年。

朱熹：《四書章句集注》，（台北：漢京文化事業有限公司），
　　1987 年。

邱煒菱：《客雲廬小說話》，光緒二十三年刊本。

戴震：《戴震文集》，（合肥市：黃山書社），1995 年。